大脑使用书 / 04

逻辑思维训练

◎李昕 编

中国华侨出版社
北京

Preface
前 言

爱因斯坦说过："人们解决世界的问题，靠的是大脑的思维和智慧。"思维创造一切，思维是进步的灵魂。如果思维是石，那么它将敲出人生信心之火；如果思维是火，那么它将点燃人生熄灭的灯；如果思维是灯，那么它将照亮人生夜航的路；如果思维是路，那么它将引领人生走向黎明！

思维控制了一个人的思想和行动，也决定了一个人的视野、事业和成就。不同的思维会产生不同的观念和态度，不同的观念和态度产生不同的行动，不同的行动产生不同的结果，而不同的结果则昭示着不同的人生。只有具有良好的思维，才能升华生命的意义，收获理想的硕果。成功者无一不具有创造性思维，而失败者总是困于僵化的思维之中。人的命运常常为思维方式所左右，创造性思维就是打开命运之门的金钥匙。

人的一生可以通过学习来获取知识，但思维训练从来都不是一件简单容易的事情，也不可能一蹴而就，许多心理学家和社会学家都认为思维命题训练是一种好方式。美国著名心理学家哈伊·奇克森特米哈伊把思维命题训练称为"使思维流动的活动"，它不但能够帮助发掘个人潜能，而且能使人感到愉快，是一种通过轻松有趣的游戏训练思维、提高智力的方式。

本书精选了一些具有挑战性、趣味性与科学性的思维名题，列举了发散思维、求异思维、转换思维、逆向思维、迂回思维等类型，每一个类型都经过了精心的选择和设计，每个命题都具有代表性和独创性，荟萃了古今中外众多思维大师的思维方法，让读者能够更深切地体会到这些人类思维长河中大浪淘沙后的智慧沉淀。

书中的思维名题难易有度，丰富多彩，无论大人、孩子，或是学生、上班族、管理者，甚至高智商的天才们，都能在此找到适合自己的题目。

本书适合利用点滴时间进行阅读和练习，既可作为思维提升的训练教程，也可作为开发大脑潜能的工具。无论你是 9 岁，还是 99 岁，对于任何一个想变聪明的人来说，它都是不二的选择。阅读本书，能让你思维更缜密，观察更敏锐，想象更丰富，心思更细腻，做事更理性，心情更愉快。

Contents

目 录

第一章 发散思维

第二章 求异思维

第三章 转换思维

第四章 逆向思维

第五章　迂回思维

答　案

第一章

发散思维

001 爱之花

你能看到一对恋人吗?

002 玛莲·德烈治

你能看到玛莲·德烈治的肖像吗?

003 狐狸

你能看到一只完整的狐狸吗?

004 天使

你能看到天使吗？

005 神秘的嘴唇

你看到嘴唇了吗？

006 10个人

你能找到10个人吗？

007 堂·吉诃德

你能看到几个隐藏的面孔？

008 狗的小岛

仔细观察图片，你能看到狗吗？

009 二重奏

这3幅图是从不同的视角观看到的同一个雕塑。从第一个角度看，看到的是一个钢琴演奏家；如果把这个雕塑旋转过90°（右图），你将看到一个小提琴家；中间的图片显示的是从中间角度看到的情景，从中你可以看出钢琴家是怎样变形成小提琴家的。

010 硬币

我们不知道谁发明了第一个颠倒图像，但是这些刻在硬币上的颠倒图像在 16 世纪已开始流行。这枚稍晚于 1530 年的硬币是我们所知道的最早的例子。它描述的是当时主教的形象，如果颠倒一下，你会看到什么呢?

011 蔬菜园丁

你看到的是一些蔬菜还是人的脸？

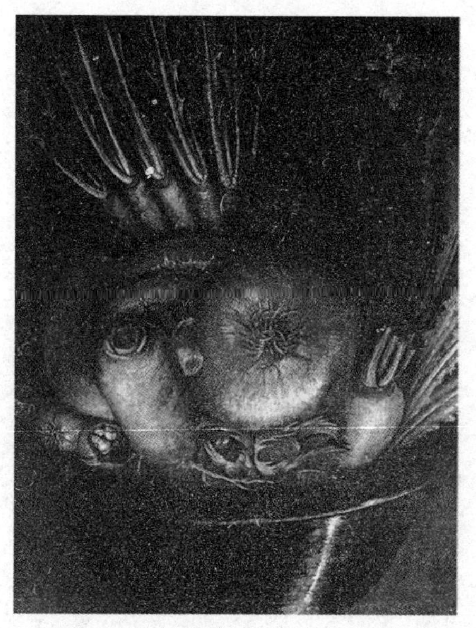

012 法国人头

将图片颠倒后你会看到什么呢?

013 恋爱和结婚

这是流行于19世纪晚期英国关于婚姻制度的讽刺批判。妇女在恋爱期是幸福的，在结婚后是不幸福的。仔细观察图片，你看到了什么？

014 警察

如果你把这个警察倒过来看，你会发现什么？

015 小女孩和老人

这是1903年盖斯特福·弗比克在纽约先驱出版的儿童卡通系列中的一幅图像。他的小说中涉及小女孩勒弗金和老人玛弗罗，如何使他们互换角色呢？

016 小丑

你能找到马戏团的小丑吗?

017 树的群落

在下边方框里隐藏着方框上面所示的5种特定形状，全部由给出的4种叶子组成，其中每种叶子在每个形状里出现且仅出现一次。方框里的形状与方框上所示的一模一样，不能通过旋转得到。看看你是否能把它们通通找出来。

018 雪花生意

51号雪花检查员正在检查哪些雪花的6个部分并不完全对称。他最后通过的只有2片雪花。你能找出它们，并且指出其他5片雪花的不合格之处吗？

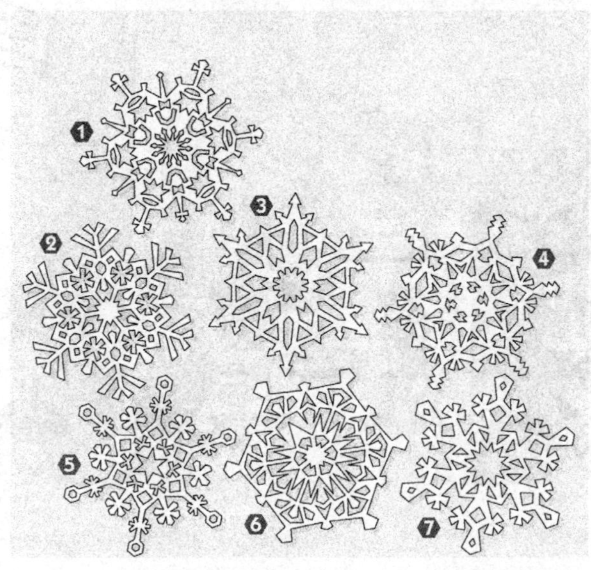

019 古怪餐厅

这家餐厅里的一切几乎都出错了。总共24个错误你能找出几个？

020 恍然大悟

这幅图中有7种图形都在图中不同的地方出现了2次。比如，垃圾桶的踏板，在狗的耳朵那里也出现了——虽然旋转过，但是两者其实拥有相同的大小、形状和颜色。你能找出另外6对图形吗？

021 粉碎的镜像

这些粉碎的镜像中只有2个完全相同。你能指出是哪2个吗？

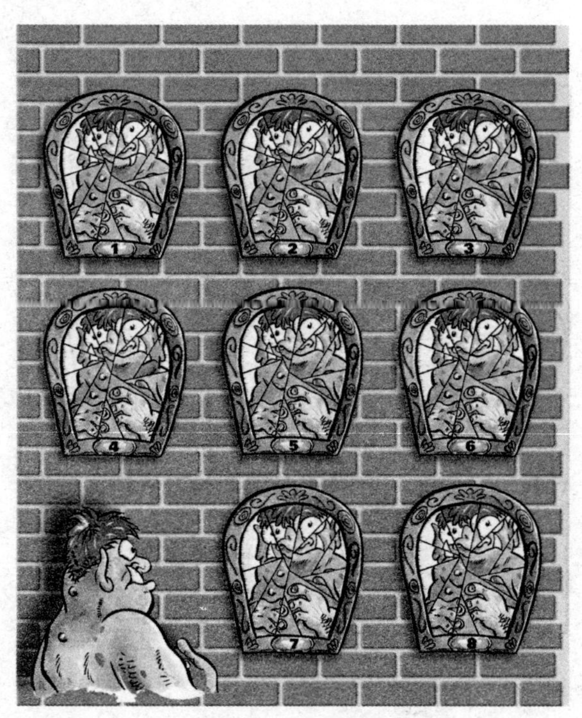

022 从这里下坡

这幅图中有22个错误，你能找出多少个？

023 滑板高手

下图中的各位都是玩滑板的高手。他们不仅技术水平相当，连姿势都大同小异。这些滑板玩家中只有两个完全一样。你能指出是哪两个吗？

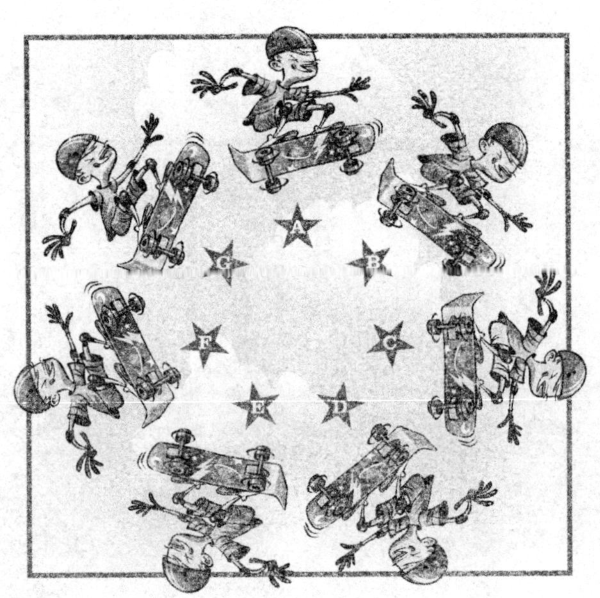

024 假日海滩

孩子们趁假日到海滩玩耍。来到这里，当然要进行沙滩浴啦！不过，这些孩子晒太阳晒得太久了……仔细观察每个小孩身上的图案，看看你是否能把每个人与毯子上的两件物品分别匹配。

025 保龄球馆

保龄球是一项有益身心的体育运动，有不少人都愿意在保龄球馆度过休闲时光。下面这两幅保龄球馆图片看上去每个地方都完全相同。事实上它们之间有17处不同。你能找出几处?

026 雪落进来了

这幅图中有7个图形，每一个都在不同地方出现了两次。比如，窗户上的雪堆，也是男孩兜帽上的白色部分——虽然旋转了，但是大小、形状和颜色都相同。你能找出另外的6对吗?

027 赝品

一个忙碌的伪造者制作了大量珍贵物品的赝品，几乎每件赝品上都有一个错误。仔细研究每一组的原件，看看你能否找出5件赝品里完美的一件以及另外4件上的错误。

028 倒影

仔细观察下图，你会发现结冰的池塘里的倒影跟冰面上的人、物并不完全吻合。你能找出倒影与真实人、物之间的16处区别吗？

029 汉堡

下图中翻倒的汉堡中只有两个是完全一样的。你能指出是哪两个吗？

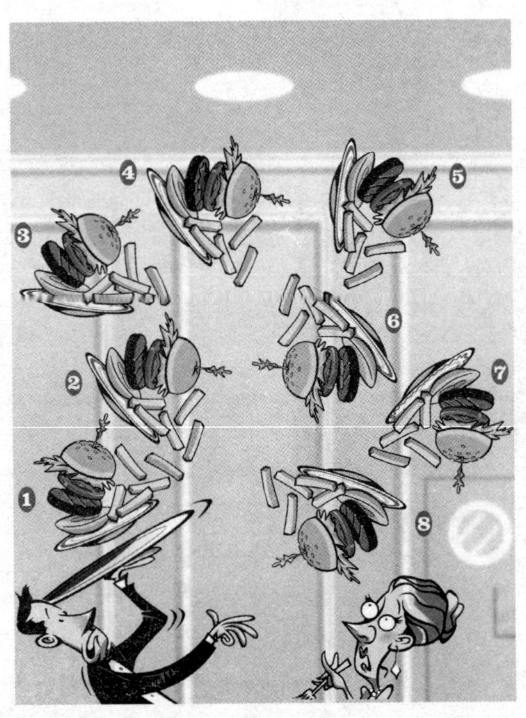

030 藏着的老鼠

屋子里有老鼠吗？事实上，这个场景里有8只老鼠。下面的小图分别是每只老鼠从藏身地点所看到的景象，你能据此找出每只老鼠分别藏在哪里吗？

031 缺少的部件

这里每件物品都缺少一个重要部件。仔细观察，你能找出它们分别缺少什么吗？

032 眼花缭乱

仔细观察这些特写镜头，你能辨认出它们分别是日常生活中的什么物品吗？

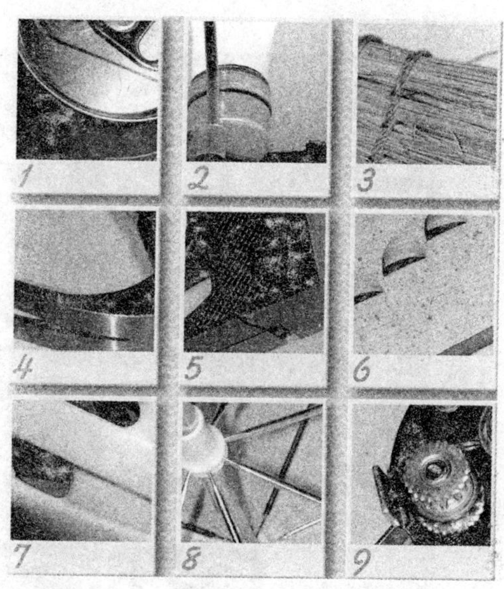

033 一样的图形

下边的这些图中包含12对完全一样的图形。比如，秃头男人手里的勺子，也是棒球运动员的棒球帽——虽然图形有旋转，但是大小、形状和颜色相同。你能把这12对图形都找出来吗？

034 宠物店

这个宠物店场景里有25个错误，你能找出多少个？

035 闹鬼的房子

讨要糖果的小鬼住在哪个闹鬼的房子里？下边的小图是他们在附近行进的路线上依次看到的景象。通过对比这些小图和上面的大图，你能画出他们的路线，并且找到唯一一所他们没有经过其前门的房子——那就是他们的住所。提示：他们刚刚从他们面前的房子讨要完糖果。

036 圣诞老人

尽管这两幅图看上去完全一样，实际上却有9处不同。每找出一个不同，就请你把上面图中的原物与下面图改变后的物体之间画一道直线（你可能会用到直尺）。你画的每条线都会划掉一个字母。完成以后，剩下的字母，按照顺序，将会组成这道题目的答案。

037 姜饼屋

尽管这两幅图看上去似乎一样，但是事实上它们之间有7处不同。把上下图中变化了的各处用直线相连，每条线将会划掉一个字母。做完这些以后，剩下的字母按顺序会连成这个问题的答案。

038 特技演员

这两幅图之间有7处不同。上下图中变化了的各处用直线相连，每条线将会划掉一个字母。做完这些以后，剩下的字母按顺序会连成这个问题的答案。

039 宇航员

尽管这两幅图看上去似乎一样，但是事实上它们之间有9处不同。上下图中变化了的各处用直线相连，每条线将会划掉一个字母。做完这些以后，剩下的字母按顺序会连成这个问题的答案。

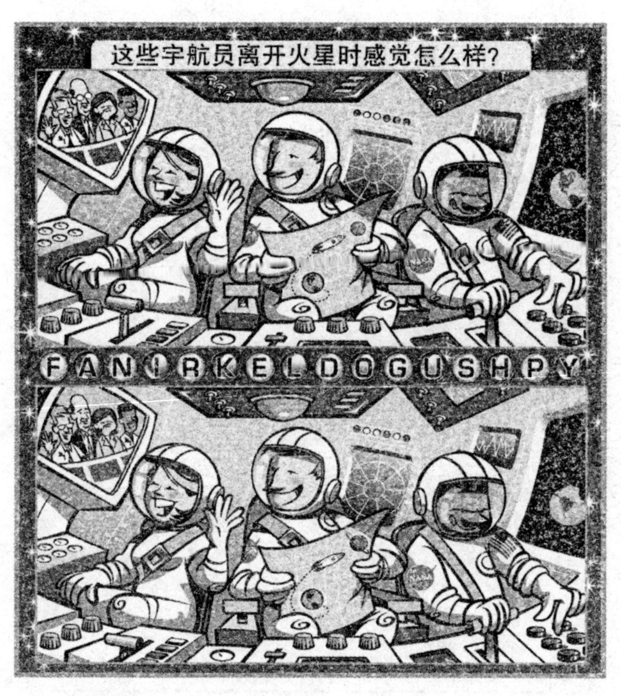

040 嘘……有人！

你有没有感觉自己被人偷窥的时候？下图中这个小伙子看来已经意识到了：8双不同的眼睛正在从屋子不同的角落里窥视着他！下面小图中显示了每一双眼睛实际看到的情形。你能不能把每一双眼睛和它们看到的情形对应起来呢？

041 找面具

在下边所有面具中找出一个带有生气表情的面具，看看你多久能够找出来。

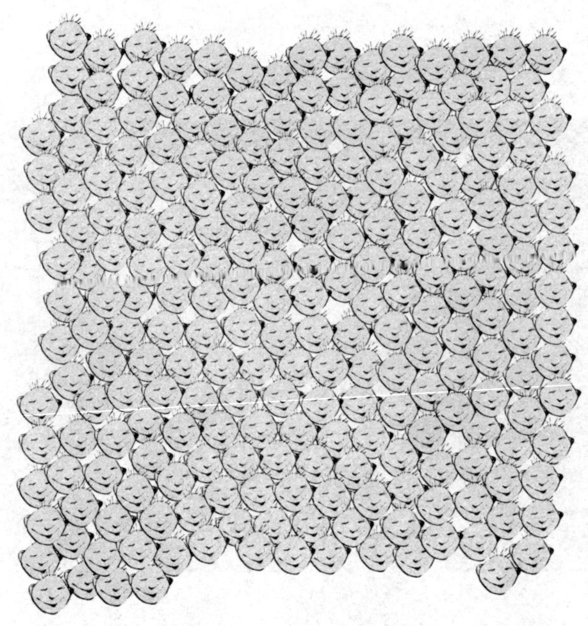

第二章

求异思维

001 重拼正方形（1）

如图 1 所示，将 5 个边长为 1 个单位的正方形拼入 1 个正方形，此正方形的边长是 2.828 个单位。你可以把这 5 个小正方形重新拼入 1 个如图 2 所示的小一点的正方形内吗？

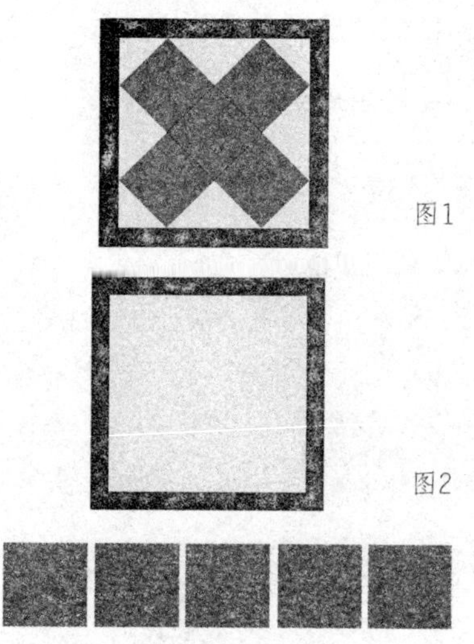
图1

图2

002 重拼正方形（2）

将下图剪成4片，拼成1个完整的正方形。

003 长方形拼正方形（1）

用给出的长方形拼出 4 个正方形，2个边长为11，2个边长为13（长方形可以重复使用）。

这4个正方形都必须由这样的长方形组成：边长从1~10，每个数字各出现1次。

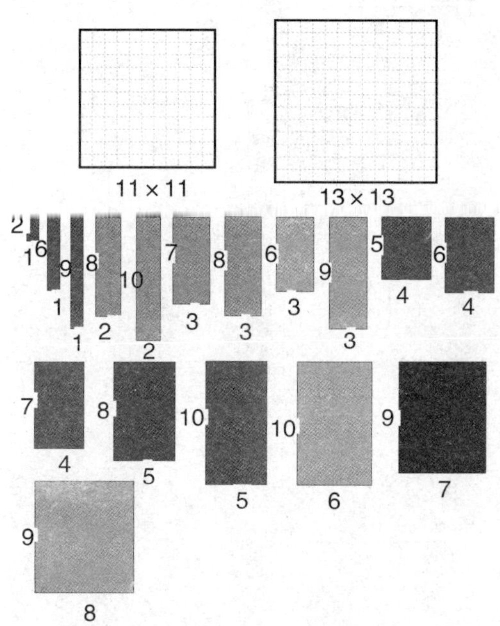

004 长方形拼正方形（2）

这些长方形由1个单位正方形开始，并且按照一定的逻辑规则无限增长变化。

这一系列的长方形中的前11个已经给出了。

你能找到用这11个长方形可以拼成的最小的正方形吗?

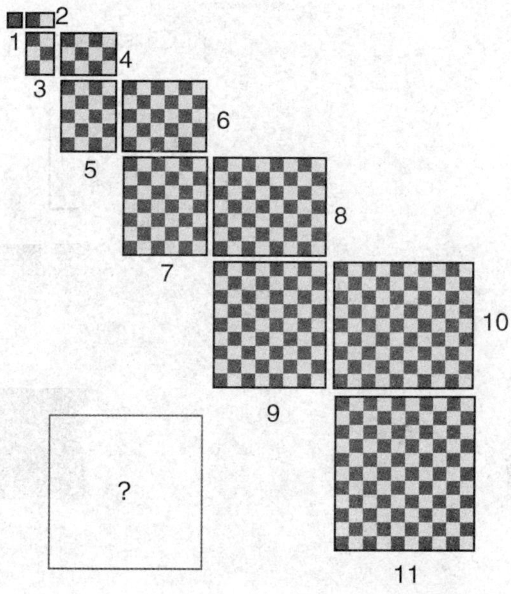

005 穿过雪花

你能穿过雪花，从图中的起点到达终点吗（只能经过蓝色的位置）？

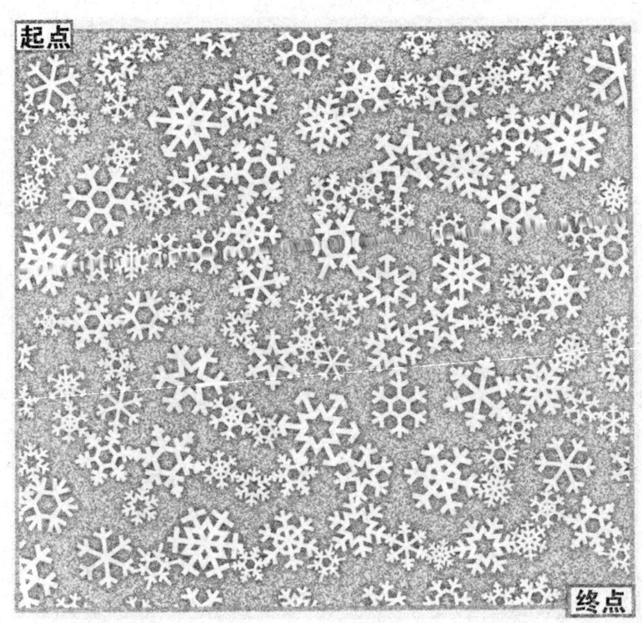

006 跟随岩浆

你能从起点到达终点而不被烧着吗?

007 跳蚤路线

一直搞不明白跳蚤是怎么传播的？要完成这个特别的迷宫，先从左上角的一组三只狗里面选择一只开始。然后找到别处跟它姿势相同的狗，并跳到那里。接下来在新的组合中选择另外一只狗，并找到别处跟它一样的狗。如此反复，直到你到达右下角那只没有跳蚤的狗那里……注意途中的死角！

008 运动的药剂

弗兰克林博士的实验室已经成为了杯子、罐子和管子所组成的迷宫。你能从科学小乖蛋出发，沿着奇怪的药剂找到通往精神病医生处的路线吗？加强挑战：找出图中的5个骷髅！

009 长跑

帮助这个运动员完成马拉松，使他沿着黄色的路线到达底部的领奖台（不准越线）！完成以后，把路线涂黑，你就能知道他比赛的结果。

010 临阵脱逃

想知道这只鸡穿越马路的真正原因吗？先完成这个迷宫！从鸡所在处开始，你能否找到去往The Other Side的路，并且不迷失方向呢？

011 蛛丝马迹

你能从蜘蛛网外的蜘蛛处出发，只能沿蛛丝行动，最终到达网中心的那只苍蝇吗？注意其他的苍蝇——那些都是死角！

012 幸运之旅

这座迷宫里，其中一堆三叶草里藏有一片幸运四叶草，是哪一堆呢？从左上角开始，沿着路径直到你到达一堆三叶草，加减沿路的数字。如果你得到的总数是4，那么你已经找到了四叶草。如果总数是3，回到起点，看看你下一次的运气会不会好点儿！

013 考古宝地

这块考古宝地很难四处走动。左上角的考古学家需要到达右下角的同伴那里，但是他需要穿越恐龙骨骼。哪一条是唯一行得通的路线？

014 蜜蜂路线

看看你能否沿着蜂房从起点到达终点。

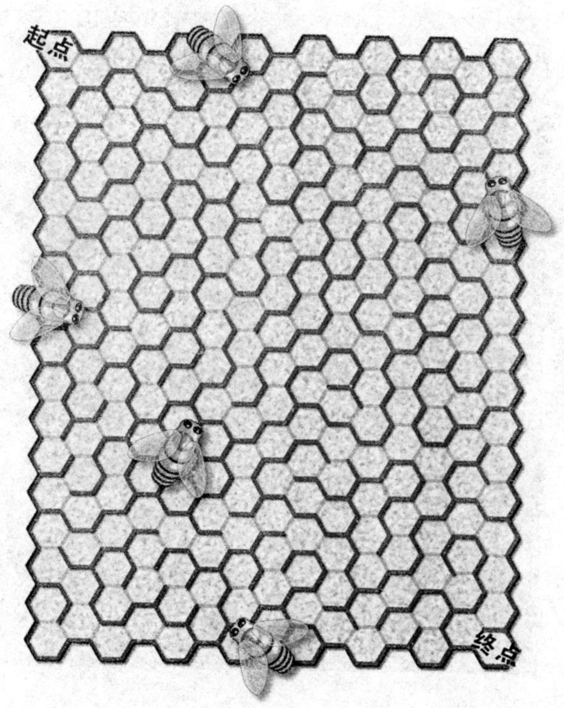

015 间隙航行

木筏上的可怜虫终于回到了文明社会，但是他还没能脱离水面。你能帮他找到唯一一条到达码头的水路吗？他不能从障碍物下面穿过或者穿过图以外的水面。

016 相反的迷宫

这是一座相反的迷宫，你的目标是不要到达终点！从起点开始，试着找到唯一一条到达死角的路。如果你到达了终点，非常不幸——你得回到起点，从头开始。

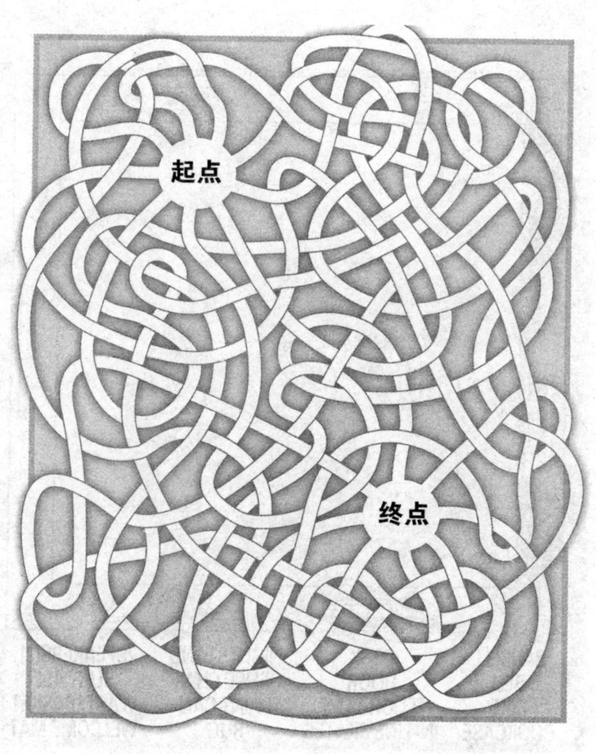

017 粉刷匠

这间房间里本来有一些物品，它们对应的单词已经列在图下方。一位粉刷匠在东西没有搬走之前，就把地板粉刷了一遍。所以，你能在图中看到物品摆放过的地方留下了各种各样的斑点。你能猜出这些物品原先在哪里吗？多想想它们的形状，有几条腿，还有一些其他的特征。

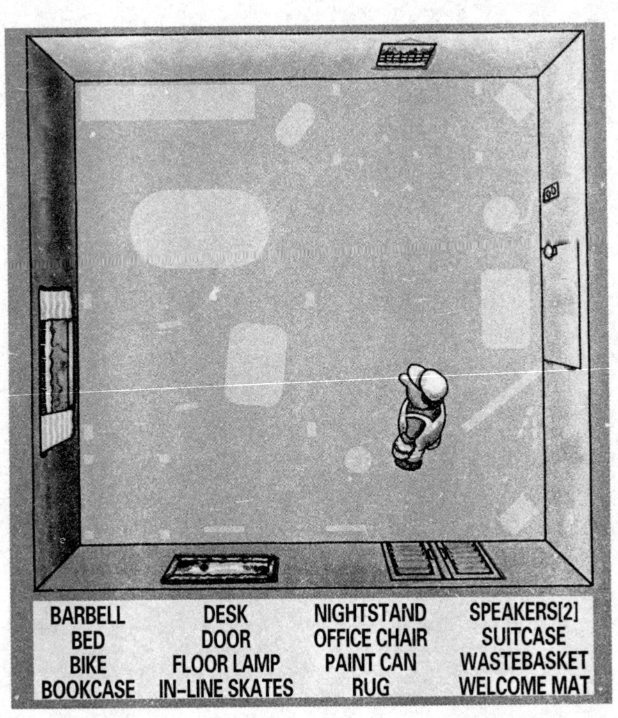

018 轮廓契合（1）

下面6个选项中哪一个与所给剪影的轮廓完全契合？

019 轮廓契合（2）

下面6个选项中哪一个与所给剪影的轮廓完全契合？

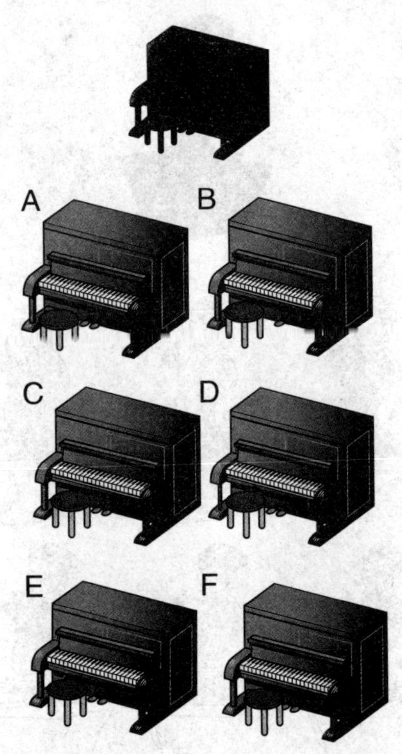

020 轮廓契合（3）

下面 6 个选项中哪一个与所给剪影的轮廓完全契合？

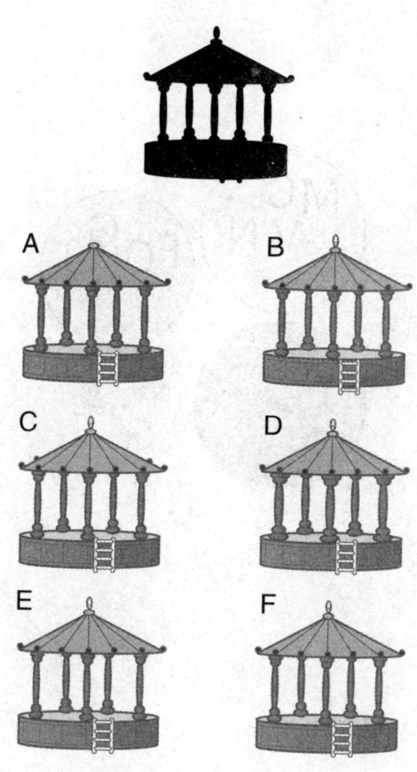

021 字母的逻辑

把这 7 个蓝色的字母分别放入 3 个圆圈中，使每个圆圈内的字母都满足某个拓扑学的规则。

另外，每个圆圈内均有 1 个不符合规则的字母，请把它找出来。

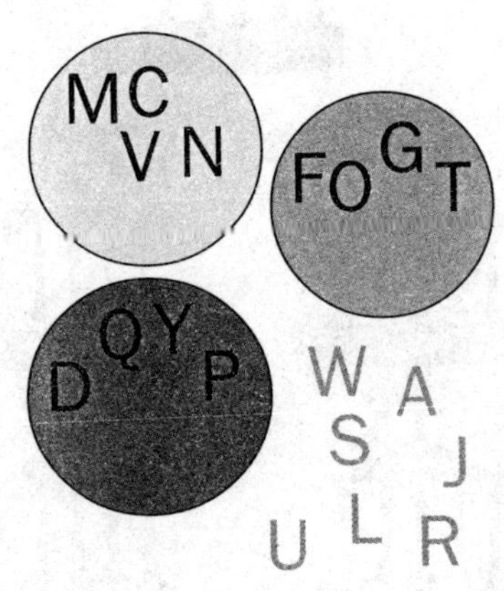

第三章

转换思维

001 光路

下边图中镜子迷宫里的红线条都是双面镜。

通过哪个缺口能指引一束激光穿过这个镜子迷宫?

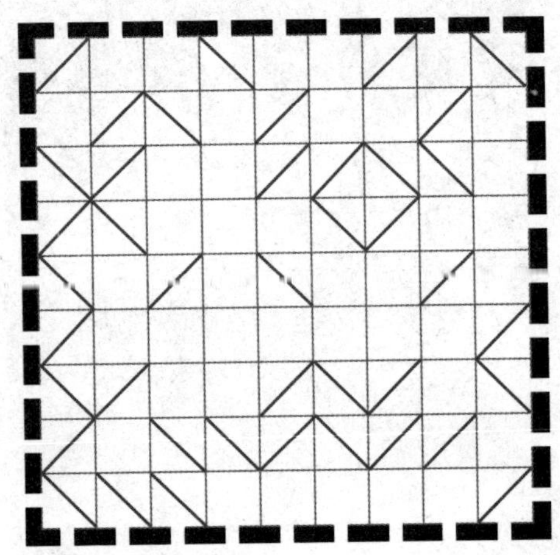

002 上色正方形

如图所示，1个正方形被分成相等的8个区。

如果正方形8个区中的2个区被涂上了颜色，我们称该正方形为“1/4上色正方形”。

如果正方形8个区中的4个区被涂上了颜色，我们称之为“1/2上色正方形”。

请问：

1. 你能够画出6种不同的“1/4上色正方形”吗?

2. 你能够画出13种不同的“1/2上色正方形”吗?

图形的映像和旋转不算作新的图形。

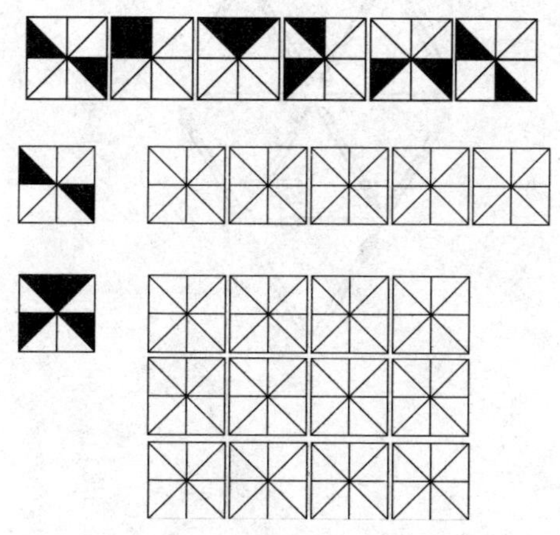

003 火柴游戏（1）

16根火柴组成了8个相同的三角形。你能拿掉4根火柴，使这些三角形只剩下4个吗？注意，不允许有2个三角形共用1条边的情况出现。

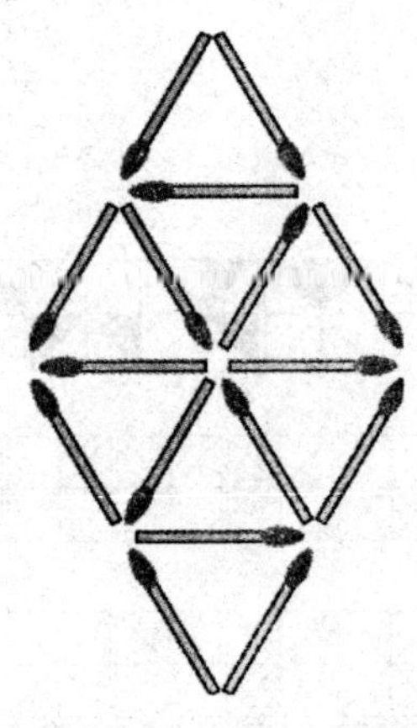

004 火柴游戏（2）

这是1个4 × 3的图形，用12根火柴确定了 1 个三角形，这个三角形占用了一半的面积。试一试，只移动4根火柴，能不能把现在的面积减少一半。

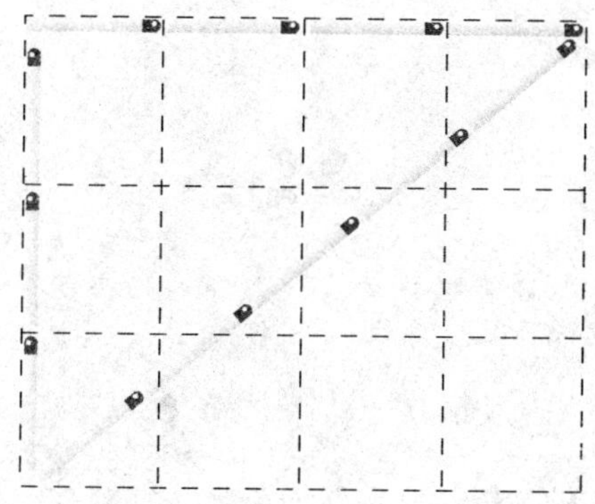

005 火柴游戏（3）

只移动3根火柴，将这个图案变成由3个菱形组成的1个立方体。

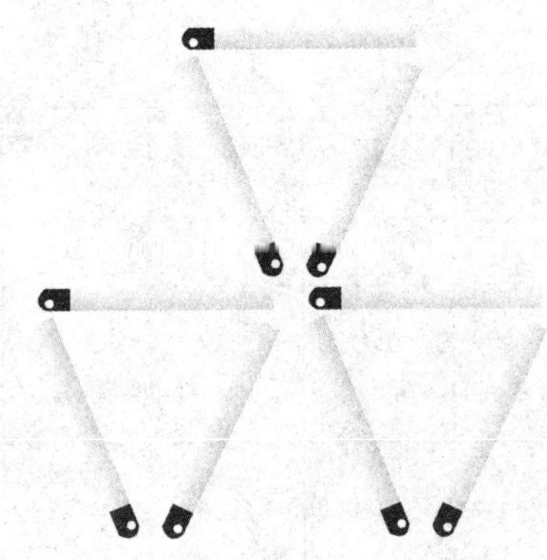

006 火柴游戏（4）

只移动2根火柴，拼出4个三角形和3个平行四边形。

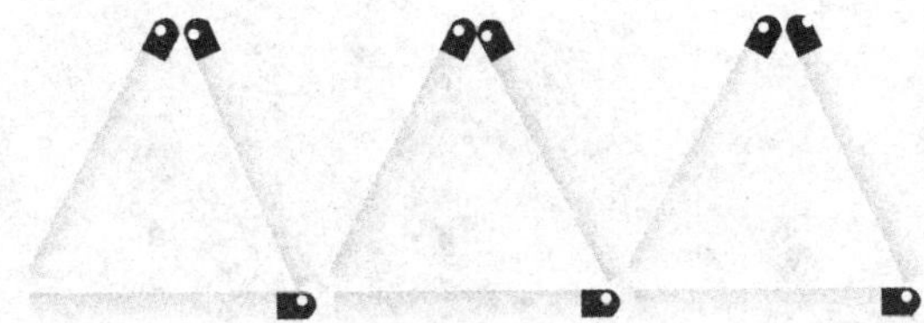

007 火柴游戏（5）

如你所见，由火柴拼出的每行内容都是个错误的等式。现在你所面临的挑战就是在每行里只挪动1根火柴，使得原来错误的等式变成正确的。

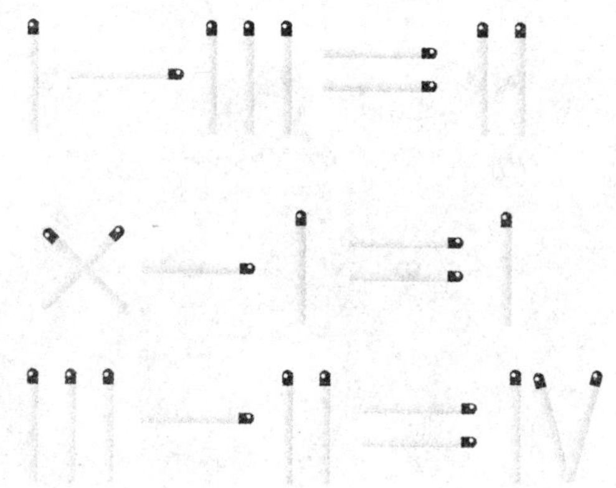

008 火柴游戏（6）

试着从下图中拿走4根火柴，留下8个小正方形。

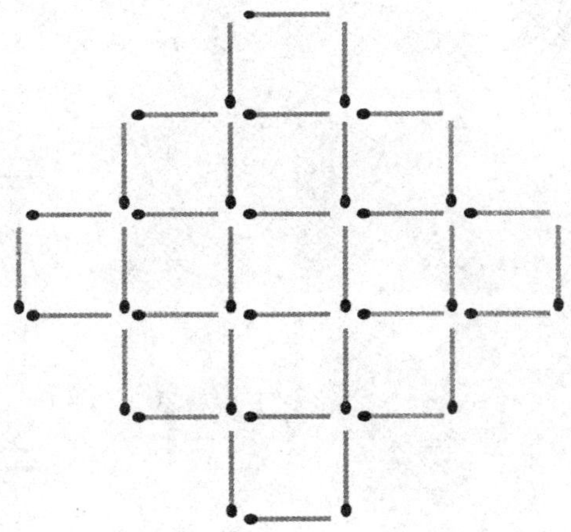

009 火柴游戏（7）

你能否任意移动4根火柴棒，使剩下的火柴棒在顶部、底部两行及左、右两列的总数依旧是9吗？

第2种方法不限制移动火柴的数目，但只有最会曲折思考的横向思维者才能完成。你能吗？

010 第12根木棍

木棍摆成如下图案，按怎样的顺序将它们拿开才能最终“解放”第12根棍子？记住：每根木棍被拿掉时上面不能压着别的木棍。

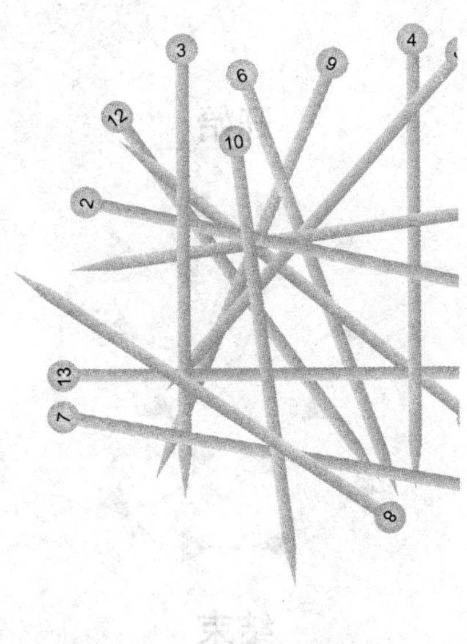

011 八角形迷宫

从起点到终点，你只能沿箭头所指的方向前进。能够带你穿越这座八角形迷宫的路线一共有多少条呢?

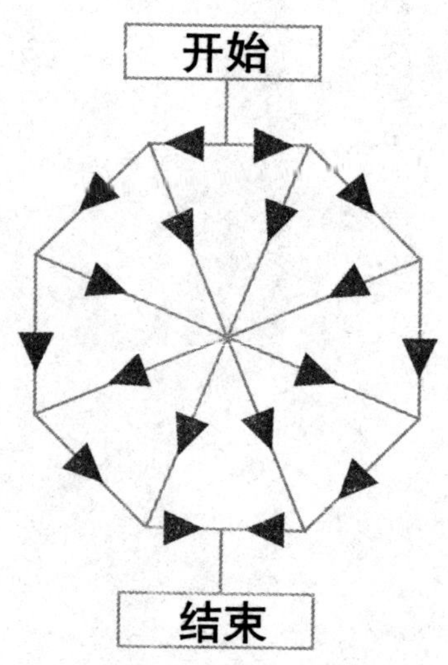

012 圆桌骑士

让 8 个骑士围坐在圆桌边，每个人每次都不能有 2 个相同的邻桌，满足这一条件的座位顺序一共有21种。上面已经给出了1种，8 个骑士分别用 1~8 标注。请你在图中画出其他的 20 种座位顺序。

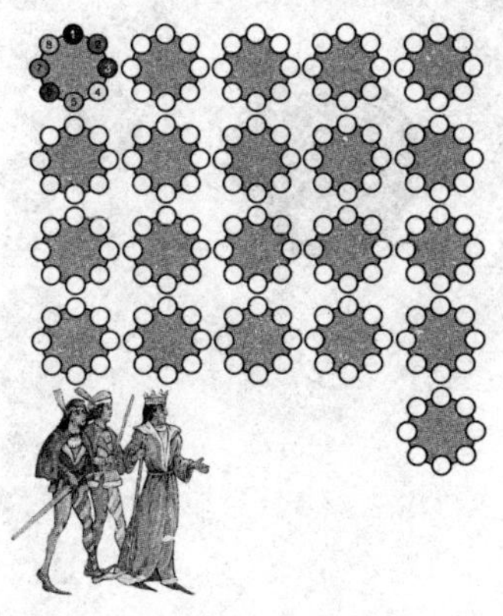

013 动物转盘

如下图，这个转盘的外环有11种动物。请在转盘的内环也分别填上这11种动物，使这个转盘能满足下面的条件：即无论转盘怎么转动，只可能有1条直线上出现1对相同的动物，而其他的直线上全部是不同的动物。问满足这种条件的排序一共有多少种？

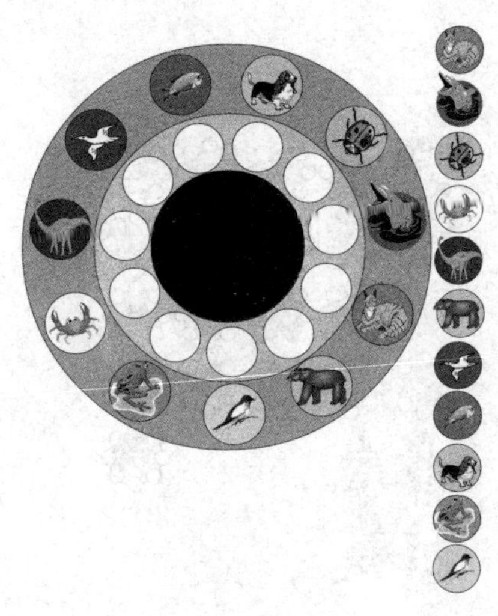

014 分割牧场

农场主给儿子出了一道题目：在下面的一片大的牧场上对称地竖立起8道笔直的栅栏，把它分割成5块小的牧场，使每块牧场都畜养2头牛、3头猪和4只羊。农场主的儿子应该怎样做呢？

015 正方形游戏

在如图所示的各个正方形上分别标注了1个起点和1个终点，同时在图1中一共给出了13条不同长度和方向的线段。我们这个游戏的目标就是选择图1中的线段把正方形里的起点和终点连接起来，要求用上尽可能多的线段，而且各线段之间不能相交。

对于边长为2，3，4的正方形，答案已经给出了。现在请你找出边长为5和6的正方形的最佳答案（也就是用上最多的线段）。

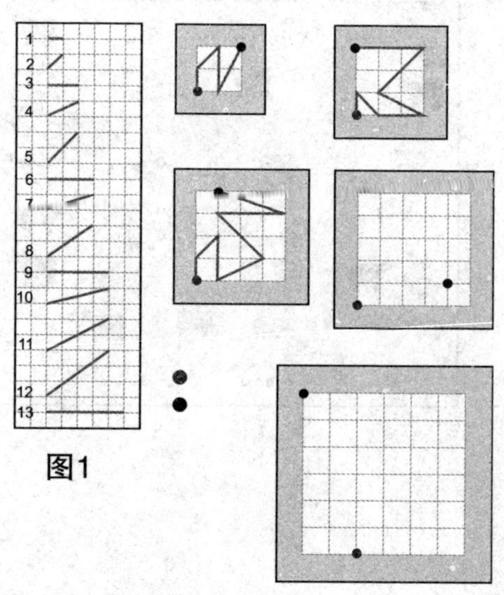

图1

016 铅笔组图

打开你的绘画盒，拿出35支彩色铅笔，按图中所示摆成回形。现在，移动其中的4支铅笔，组成3个正方形。如果手边没有足够的彩色铅笔，你也可以用牙签或者其他一些合适的物体代替。

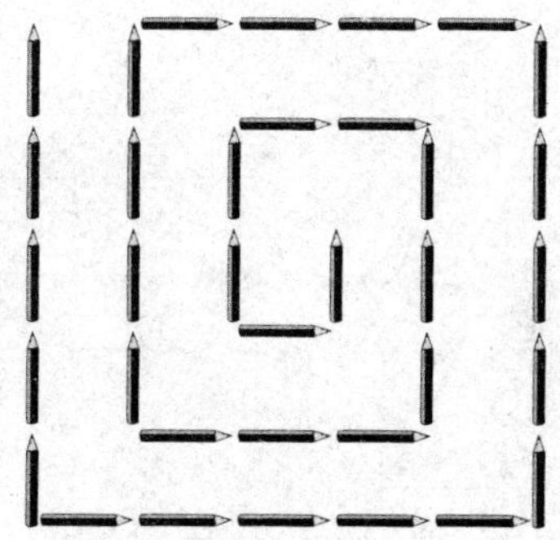

017 奇怪的电梯

一栋19层的大厦，只安装了一部奇怪的电梯，上面只有“上楼”和“下楼”两个按钮。“上楼”按钮可以把乘电梯者带上8个楼层（如果上面不够8个楼层则原地不动），“下楼”的按钮可以把乘电梯者带下11个楼层（如果下面不够11个楼层则原地不动）。用这样的电梯能够走遍所有的楼层吗？

从1楼开始，你需要按多少次按钮才能走完所有的楼层呢？你走完这些楼层的顺序又是什么呢？

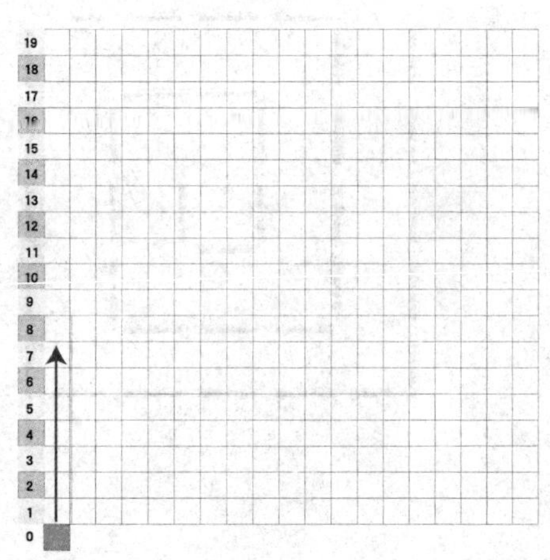

018 拼出五角星

你能用上面的6个直角三角形拼出下面的五角星吗?

019 分巧克力

要把这块巧克力分成64块相同的部分，你最少需要切几次？注意：你可以把已经切好的部分放在没有切的巧克力上面。

020 三角花园

用这9块木板做成1个等边三角形的围栏，它们的长度用米表示。（9块木板必须都用上。）

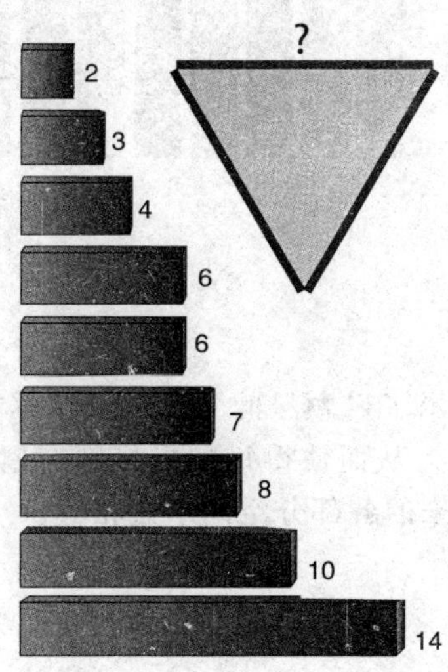

021 给重物分组

给如图所示的单位为千克的重物分组，把它们分成3组，使它们的总重量尽可能相等。

如果是3个2千克重的物体和2个3千克重的物体，答案就简单了。但是有9个物体，问题就麻烦了。你可以完成吗？

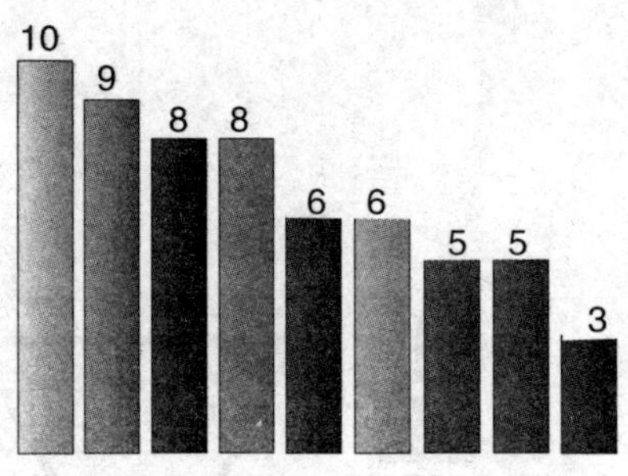

022 自己的空间

下面图中显示了11颗星的分布位置。你能想办法利用5条直线将图案进行分割，从而使得每颗星星都有属于它自己的空间吗？特别提示：分出来的各部分空间不必相等。

023 等分网格

游乐场关门了。过山车的列车部分已经被卖掉了，现在剩下的只是这一段轨道和护挡框架了。要想把它们移走，必须将下边的图形分成相同的两部分。你能做得到吗?

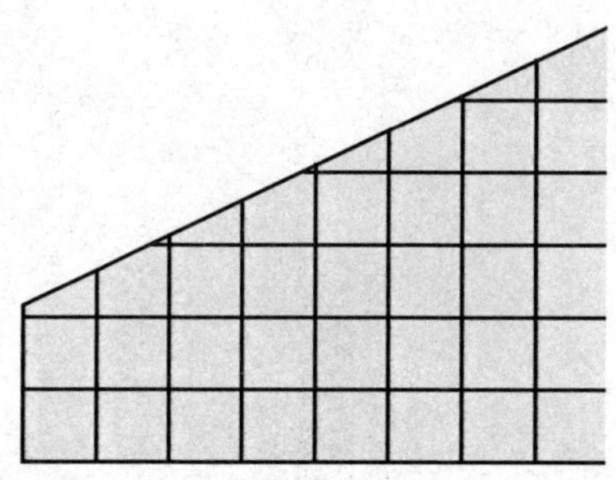

第四章

逆向思维

001 西部牛仔

上周五晚上在斯托波里的车马酒吧喝酒时，我情不自禁地被5位身着牛仔装的顾客吸引了，通过交谈，我发现它们实际上是一个重新组建的西部表演队的成员，正要去参加一个周末派对。根据下面的信息，你能说出每个人的真实姓名和职业，以及他在周末扮演的西部角色的名字和职业吗？

		真名					角色名					角色职业				
		会计师	职员	代理商	推销员	税务检查员	布秋·韦恩	得丝特·邦德	马特·伊斯伍德	萨姆·库珀	坦克丝·斯图尔特	美洲野牛猎人	牧牛工	州长	赌徒	州长代表
真名	大卫·埃利斯															
	约翰·基恩															
	马克·普赖斯															
	奈杰尔·普赖斯															
	罗伊·斯通															
角色职业	美洲野牛猎人															
	牧牛工															
	州长															
	赌徒															
	州长代表															
角色名	布秋·韦恩															
	得丝特·邦德															
	马特·伊斯伍德															
	萨姆·库珀															
	坦克丝·斯图尔特															

线索

1.罗伊·斯通是赫特福德郡地区理事会的职员，他性格狂野不羁，以自我为中心，但是他并没有饰演赌徒。

2.大卫·爱利斯所演的西部角色叫萨姆·库珀。

3,一个戴徽章扮演州长代表的人告诉我，他的角色名字是布秋·韦恩。

4.来自伦敦郊区的那位代理商一旦戴上他的宽边帽和配枪腰带，就变成了一个粗暴的牧牛工，幸亏在车马酒吧里他不是那幅打扮。

5.在周末扮演坦克丝·斯图尔特的那个人并不是被国家税务局录用的税务检查员，他实际上是雷丁·普赖斯兄弟中的一个。

6.马克·普赖斯和那位来自哈罗的办公用品推销员，都饰演西部行动的执法官。

7.来自克罗伊登的那名会计师所选择的角色叫马特·伊斯伍德，他的角色不是州长，真实姓名也不是奈杰尔·普赖斯。

002 夏日午后

夏日一个星期天的下午，阳光明媚，3个年轻人和女朋友乘着各自的小船从斯托贝里出发到斯托河上游玩，根据下面的信息，你能说出每个男孩和女孩的姓名，以及每艘船的名字和类型吗?

男孩 \ 女孩	夏洛特	露西	桑德拉	“多尔芬”	“罗特丝”	“马吉小姐”	机动船	人工船	小游艇
巴里									
麦克									
西蒙									
机动船									
人工船									
小游艇									
“多尔芬”									
“罗特丝”									
“马吉小姐”									

男孩	女孩	船名	船型

线索

1.麦克与女朋友借用了他爸爸的机动船，而麦克的女朋友不是桑德拉。
2.露西和她的男朋友驾驶的船叫“多尔芬”。
3.夏洛特和她的男朋友驾驶一艘小游艇沿着斯托河巡游到考诺 斯·洛克。
4.西蒙与女朋友在“罗特丝”船上度过了一个下午，他们的船不是人工划行的。

003 拔河

前几年的村庄运动节总会吸引多支实力强大的拔河队，每队的成员都是5个高大健壮的当地人。根据下面的信息，你是否能说出问题中提到的获胜队伍的具体细节（包括每个队员的姓名、职业及所在位置）？

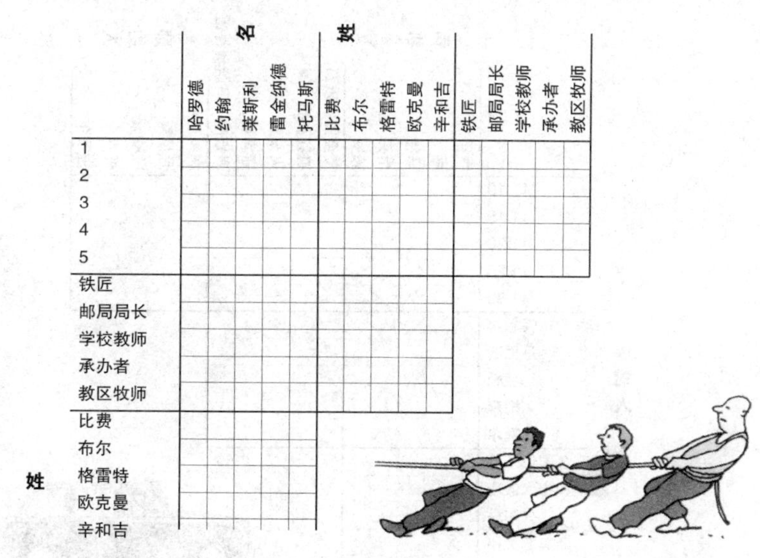

位置	名	姓	职业

线索

1.铁匠在队伍最后，他是帮助本队取得胜局的关键人物。

2.学校的教师姓布尔。

3.当各队准备就绪等待拔河开始时，邮局局长站在承办者的前面，但并不紧邻。邮局局长不是约翰。

4.站在队伍最前面的那个人姓辛和吉，听起来很奇怪。

5.欧克曼就在莱斯利的前面。

6.哈罗德·格雷特就在教区牧师的前面。

7.拔河队伍中第2个位置上的人叫雷金纳德。

004 候车队

密克出租车公司的接线员昨晚接了5个电话。根据下面的线索，你能说出接线员接到每个电话的时间、联系到的司机、接客地点以及预约人的姓名吗？

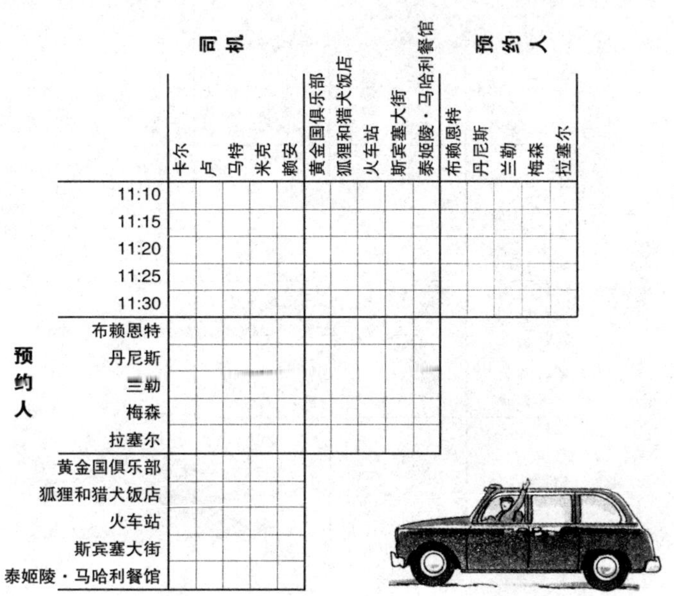

线索

1.马特的电话在泰姬陵·马哈利餐馆的电话之后，而在丹尼斯先生的电话之前。

2.米克的出租车被预约在11:25，但不是从狐狸和猎犬饭店打来的，也不是梅森打的电话。

3.卢的出租车不是那辆要在11:10接拉塞尔的车。

4.赖安在火车站接客人。

5.布赖恩特先生从黄金国俱乐部打电话预约了一辆出租车。

6.11:20那个电话的预约地点在斯宾塞大街。

005 历久弥香

诺曼是一名出色的酿酒师。最近他给5位女亲戚每人一瓶不同种类、不同制造年份的酒。根据下面的信息，你能说出每个人与诺曼的关系以及获赠酒的种类和酿造时间吗？

	阿姨	女儿	母亲	侄女	妹妹	黑莓酒	蒲公英酒	接骨木果酒	防风草酒	大黄酒	1997年	1998年	1999年	2000年	2001年
安娜贝尔															
卡拉															
格洛里亚															
乔伊斯															
米拉贝尔															
1997年															
1998年															
1999年															
2000年															
2001年															
黑莓酒															
蒲公英酒															
接骨木果酒															
防风草酒															
大黄酒															

线索

1.米拉贝尔收到的是一瓶欧洲防风草酒，这瓶酒比诺曼送给已婚女儿的那瓶提前一年酿造。

2.卡拉的那瓶酒是1999年酿造的。

3.诺曼把他在2000年酿造的酒送给了他侄女。乔伊斯收到的酒不是1998年酿的。

4.诺曼的阿姨对大黄酒大加赞扬，可是他的阿姨不是安娜贝尔。

5.格洛里亚是诺曼的妹妹，她的那瓶酒比黑草莓酒早两年酿造。

6.诺曼的母亲收到的不是1997年酿造的蒲公英酒。

006 枪手作家

枪手作家鲍勃·维尔刚刚签了另一个合同，要在6个月内为一个出版商写5本书，这个出版商想找一个没有什么主见、只会照搬照抄、但是很有销售潜力的作家，而这正是鲍勃·维尔所擅长的。根据下面的信息，你能推论出每本书的出版时间、以哪位作者的名义出版以及这本书的类型吗？

	《主要的终曲》	《世代相传》	《太阳花》	《船长》	《白马》	布雷特·艾尔肯	尤恩·邓肯	吉尼·法伯	雷切尔·斯颇	蒂龙·斯瓦	科幻小说	历史小说	艺术小说	恐怖小说	推理小说
1月份															
2月份															
4月份															
5月份															
6月份															
科幻小说															
历史小说															
艺术小说															
恐怖小说															
推理小说															
布雷特·艾尔肯															
尤恩·邓肯															
吉尼·法伯															
雷切尔·斯颇															
蒂龙·斯瓦															

线索

1.鲍勃1月份以尤恩·邓肯的名义出版的那本书并不是历史小说。

2.他的推理小说在2月份出版，而《船长》在4月份出版。

3.那本科幻小说和其他此类型的书一样，或多或少受到了《指环王》的影响，该书比以蒂龙·斯瓦名义出版的那本书晚出版两个月。

4.《白马》比以吉尼·法伯的名义出版的那本书早出版一个月。

5.鲍勃以雷切尔·斯颇名义所写的《世代相传》有一个非常鲜艳的封面，就是品位低了点，而背面的那张作者的照片，实际上是鲍勃的妻子戴着黑色假发和墨镜伪装的。

6.鲍勃在写那本恐怖小说时使用了布雷特·艾尔肯这个笔名，《主要的终曲》这本书的创意不是出版商想要的。

007 退休的警察们

我叔叔在迪克萨克福马警察队工作了30年，终于在1994年退休了。上个月，他把我带到了一个聚会，并且把我介绍给了其他5位刚刚退休的警察，他们和叔叔有过合作，但都因为各种各样的原因没能像叔叔那样工作30年后退休。从下面的信息中，你能找出每个人提前退休的原因、退休时间以及他们后来所从事的工作吗？

	车祸	从屋顶跌落	心脏病	被刀刺伤	溃疡	1968年	1972年	1976年	1980年	1984年	出租车司机	驯狗员	机修工	摄影师	酒馆老板
切克·贝克															
乔·哈里斯															
罗福特·肯特															
麦克·诺曼															
思考特·罗斯															
出租车司机															
驯狗员															
机修工															
摄影师															
酒馆老板															
1968年															
1972年															
1976年															
1980年															
1984年															

线索

1.其中一人因为有心脏病而提前离开了警察队，退休后成了一名专业摄影师，他比麦克·诺曼早退休4年。

2.还有一位退休后开了一家名为“牧羊狗和狗”的酒馆，并营业至今。患有溃疡病的切克·贝克比他早几年离开了警察队。

3.乔·哈里斯不是那个因为在一次车祸后严重受伤而被迫退休的人。

4.退休后成了一名出租车司机的那个人，在罗福特·肯特离开警察队后的第4年也离开了。

5.在1976年，其中一位在追捕一个夜贼时从屋顶上跌落下来，之后他不得不退休，退休后的职业不是出租车司机。

6.思考特·罗斯现在靠替人驯狗来维持生计，在他退休后，有一名警察因在抓捕犯人时被犯罪嫌疑人刺伤而残废，并不得不因此离开了警察队。

7.有一个人是在1980年离开的萨克福马警察队，目前他在一个修车场做机修工。

008 默默无闻的富翁

希腊的一位富翁索普科尔思·格特勒塔布瑞斯很多年来一直保持低调，而在今年年初的5个月中，当他派出的代表在各种欧洲国家级拍卖会上又为他的私人艺术收藏竞拍到5件艺术品时，富翁索普科尔思·格特勒塔布瑞斯再次成为各大报纸的头版头条。根据下面的信息，你能说出他每个月所竞拍下的是谁的作品、每次交易的地点以及每幅画的价格吗？

	卡尼莱特	格列柯	马耐特	毕加索	弗米亚	阿姆斯特丹	布鲁塞尔	马德里	巴黎	罗马	100万	150万	200万	250万	300万
1月															
2月															
3月															
4月															
5月															
100万															
150万															
200万															
250万															
300万															
阿姆斯特丹															
布鲁塞尔															
马德里															
巴黎															
罗马															

时间	艺术家	地点	价格

线索

1.为了买下马耐特的一幅画，索普科尔思的代表比前一个月他在马德里竞拍多付了50万欧元。

2.他为3月份竞拍下的收藏品花费最多。

3.卡尼莱特的某一幅画的成交价是250万欧元，其后的一个月，他在罗马用100万欧元得到了觊觎已久的一幅画。

4.在阿姆斯特丹所买的画不是200万欧元。

5.他在4月份得到了格列柯的画。

6.弗米亚的作品是在巴黎买到的。

009 追溯祖先

来自得克萨斯州的罗维是一位热心于研究家族历史的人，他把大量的业余时间用于追溯他的祖先。目前为止，他已经追溯到17世纪了，但当他研究那个时期从英格兰移民到新大陆的4个男性祖先的具体情况时遇到了些麻烦。根据下面的信息，你能找出每位祖先的名字、职业，以及各自的家乡和移民去美国的时间吗？

	铁匠	木匠	农民	军人	柴郡	德文郡	肯特	诺福克	1638年	1641年	1644年	1647年
亚伯·克莱门特												
杰贝兹·凯特力												
迈尔斯·罗维												
泰门·沃丝皮												
1638年												
1641年												
1644年												
1647年												
柴郡												
德文郡												
肯特												
诺福克												

名字	职业	家乡	离开时间

线索

1.杰贝兹·凯特力是在德文郡南部的一个小乡村里出生长大的。

2.一个铁匠在1647年移民美国，但是他不是来自柴郡。

3.亚伯·克莱门特在1644年移民。

4.军人迈尔斯·罗维在美国工作，主要负责保护殖民地居民免受印第安人的欺负。

5.在诺福克出生的那个人是4人中第一个离开英国的，他不是木匠。

6.木匠比农民早3年移民到美国，但这个木匠不是泰门·沃丝皮。

010 自力更生

彭妮公司举办了一个单人快艇比赛，上个月的第一周我们终于看到了返回普利茅斯的4艘船只。根据下面的线索，你能说出每艘船的返回时间、船上仅有的一名船员的名字，以及这个活动中每位赞助商所做的是何种生意（谁出资赞助这次活动中的每名参赛者）吗？

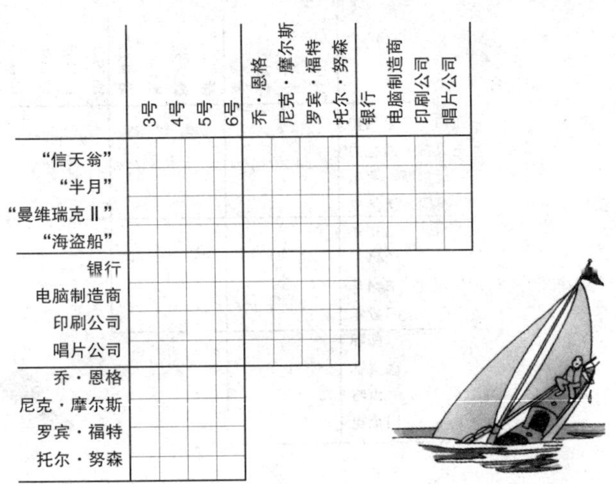

线索

1.上月6号靠岸的“海盗船”不是挪威的托尔·努森的船，托尔的船是由欧洲的一家印刷公司赞助的。

2.罗宾·福特的船最先到达普利茅斯，裁判在查看了他的航行日志本后宣布他就是这场比赛的获胜者。

3.名为“信天翁”的一艘船由一家和他同名的唱片公司资助，它比那艘由银行资助的船早到一天。

4.电脑制造商赞助的不是由乔·恩格驾驶的“曼维瑞克Ⅱ”。

011 机车发动机

许多年来，由梅雷迪思·托马斯在19世纪初专门为伦敦中心火车站设计的0-6-0型机车发动机在英国的火车站都很流行，但现在只剩下4台。根据下面的线索，你能找出这4台发动机的制造年月以及各自服役的地点吗？

	1月	4月	7月	12月	1879年	1883年	1887年	1891年	丹弗地尔火车站	马球丝火车站	NTM	南萨克福马火车站
莫特·埃梢丝												
莫特·卡梅尔												
莫特·埃维瑞斯特												
莫特·斯诺登峰												
丹弗地尔火车站												
马球丝火车站												
NTM												
南萨克福马火车站												
1879年												
1883年												
1887年												
1891年												

机车	生产月份	生产年份	地点

线索

1.莫特·埃梢丝目前仍在一段10英里长的轨道上服役，该段轨道位于丝托布瑞附近的南萨克福马火车站中，莫特· 埃梢丝的生产月份比1887年生产的那台早。

2.在丹弗地尔火车站内服役的莫特类发动机比莫特·斯诺登峰晚4年生产。

3.其中一辆机车还带着制造标盘，上面标明它的生产日期为1879年7月13日。

4.莫特·卡梅尔生产于1月份，但不是在1883年。

5.现在在北切斯特的国家运输博物馆（NTM）收藏着的发动机比在4月份生产的那台早4年生产。

012 庄严的参观

作为国家遗产协会的成员，我们在上星期的每一天都去了一个有纪念意义的地方，这些地方都有着独特并吸引人的景点，而且我们在每个景点的礼品店买了一样纪念品。根据下面的信息，你能推论出每次参观的具体细节吗?

	保恩斯城堡	格兰德雷住宅	哈福特礼堂	哈特庄园	欧登拜住宅	书签	杯子	钢笔	盘子	披肩	儿童农场	服装展	迷宫	微型铁路	古老汽车展
星期一															
星期二															
星期三															
星期四															
星期五															
儿童农场															
服装展															
迷宫															
微型铁路															
古老汽车展															
书签															
杯子															
钢笔															
盘子															
披肩															

时间	参观地点	纪念品	特色景观

线索

1.在星期一的参观中我们买了书签作为纪念品，但购物地点不是保恩斯城堡。同时微型铁路也不是这个城堡的特色。

2.我们在星期二参观了哈特庄园，星期四参观了儿童农场，这个农场是其中一处住宅的特色。

3.游玩迷宫后的第三天我们买了一个杯子。

4.参观了哈福特礼堂后我们买了一支钢笔。

5.我们买的盘子上没有欧登拜住宅的照片。

6.披肩是在有服饰展的景点买的。

013 得克萨斯州突击队

1872年，得克萨斯州突击队抓住了一群隐匿在得克萨斯州的逃犯。下面是其中5名突击队员的具体信息。你能从中找出每名突击队员的全名、家乡，以及迫使他们放弃成为一名执法官的原因吗？

		姓														
		多比	弗累斯	海德	马修斯	舒尔茨	艾尔·帕索	福特·沃氏	休斯敦	拉雷多	圣地亚哥	酒鬼	赌徒	击毙囚犯	通缉犯	玩女人
名	奇克															
	埃尔默															
	乔希															
	皮特															
	特迪															
	酒鬼															
	赌徒															
	击毙囚犯															
	通缉犯															
	玩女人															
	艾尔·帕索															
	福特·沃氏															
	休斯敦															
	拉雷多															
	圣地亚哥															

名	姓	家乡	缺点

线索

1.特迪·舒尔茨是一个德国移民的儿子。有一名突击队员曾经是逃犯，现在仍然在美国被通缉，特迪和海德警官都不是这个人。

2.来自圣地亚哥的那个人姓海德，埃尔默·弗累斯在没有工作时总是酗酒。

3.突击队员马修斯并非来自福特·沃氏，他把业余时间和部分工作时间都花在了玩女人上。

4.突击队员多比出生在位于墨西哥边界的拉雷多，奇克不姓弗累斯。

5.来自休斯敦的那名突击队员在工作中表现很好，但可惜他遇到的囚犯都被他击毙了。

6.皮特在艾尔·帕索出生长大，乔希不是通缉犯。

014 一夜暴富

几位英格兰电视研究员正筹备拍摄一部纪录片，日前他们在国外采访了5位男士，这5位以前都是伦敦人，都是在很偶然的机会一夜暴富。根据下面的信息，你能说出每位男士现在的居住地、暴富的原因以及拥有的财产吗？

	百慕大群岛	新奥尔良	帕果-帕果	里约热内卢	塞舌尔	发现油画	继承叔叔	抢劫银行	卖公司	中彩票	90万	80万	70万	60万	50万
艾德里安·巴克															
伊恩·戈尔登															
莱昂内尔·马克															
菲利普·兰德															
肖恩·坦纳															
90万															
80万															
70万															
60万															
50万															
发现油画															
继承叔叔															
抢劫银行															
卖公司															
中彩票															

线索

1.其中一位靠抢劫银行发家并藏匿到了里约热内卢，其个人资产比伊恩·戈尔登少10万英镑，伊恩从他的叔叔那里继承了一大笔遗产，他叔叔的家人曾经认为他叔叔会死在亚马孙河丛林里，可是最后他却通过贩卖枪支和做许多违法的事情而发家。

2.一个人无意中在他的花园里找到一幅旧油画，结果这幅油画竟然是出自一位艺术大师之手，流落民间多年。最后这幅画卖了70万英镑，这个人不是莱昂内尔·马克，马克不是在百慕大群岛定居。

3.其中一位很早就创办了自己的工厂，工厂倒闭后被他卖给了一家跨国公司，这家公司铲平了地基，随后利用这片空地建立了他们的新总部，这个人最后得到的钱比肖恩·坦纳还多。

4.艾德里安·巴克现在在塞舌尔岛屿上有一笔不动产，事实上这笔不动产就是塞舌尔岛中的一座。

5.现在住在新奥尔良的那位从他自称的“小运气”中得到了50万英镑。

6.菲利普·兰德和英格兰调查员分享了他发了一笔80万英镑的横财时的兴奋感觉。

015 在购物中心工作

3位年轻的女性刚刚到新世纪购物中心的几个店面打工。根据下面的线索，你能找出雇佣她们的商店的名字、类型，以及她们各自开始工作的具体时间吗？

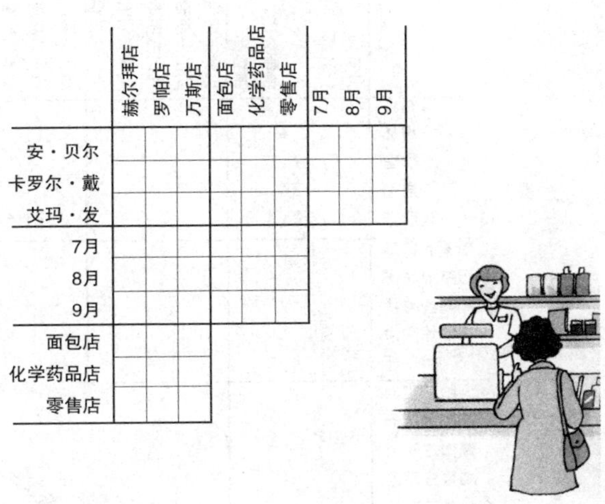

名字	商店名	类型	时间

线索

1.和在面包店工作的女孩相比，安·贝尔稍晚一些找到工作，那家面包店不叫罗帕。

2.艾玛·发不是8月份开始在万斯店工作。

3.卡罗尔·戴不在零售店工作。

4.其中一个女孩不是从9月份开始在赫尔拜的化学药品店工作。

016 送午餐

一名送餐员来到某家公司的接待处，为这里的职员送来他们预订的午餐。根据下面的信息，你能说出谁订购了什么及他们所在的部门吗？他们还预订了其他什么食物吗？

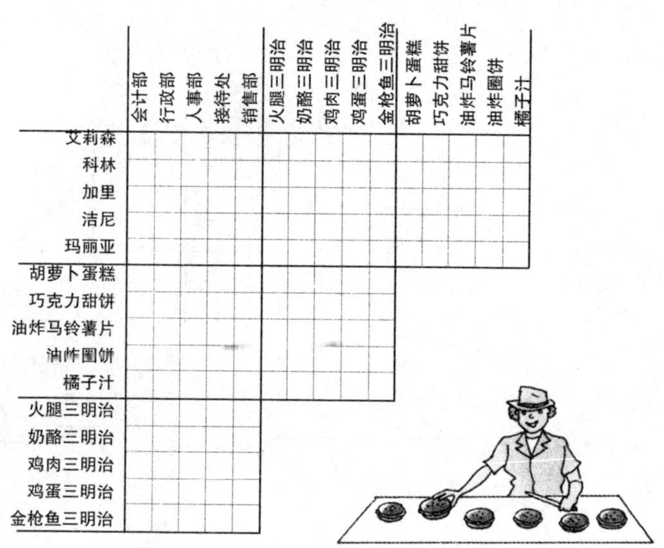

名字	部门	三明治	其他食物

线索

1.接待处和销售部的人订购的不是奶酪三明治和胡萝卜蛋糕，洁尼在接待处工作，但她订的不是鸡蛋三明治。

2.玛丽亚不在行政部工作，她和订鸡肉三明治的那个人都没有要橘子汁。

3.火腿三明治是会计部职员订的。

4.艾莉森订了巧克力甜饼。

5.油炸圈饼是人事部订的一部分食品。

6.科林要了金枪鱼三明治。

017 赫尔墨斯计划

美国国家航空航天局的赫尔墨斯计划是关于探索月球暗面（即总是背对地球的那一面）的，此项计划涉及登陆月球的5艘两人座单程赫尔墨斯号航天器。从以下给出的线索中，你能推断出每艘赫尔墨斯号上被选为队长和飞行员的宇航员是谁、要求他们降落的地点是哪里吗？

	队长					宇航员									
	高夫中校	乃尔特中尉	李少校	普拉德上校	托勒尔少校	亚当斯少校	卡斯特罗上校	雷·塞奇上校	尼古奇上校	罗斯科少校	约翰卡特	埃特莱茨山	马文山	盖洛克角	奎特麦斯
赫尔墨斯1号															
赫尔墨斯2号															
赫尔墨斯3号															
赫尔墨斯4号															
赫尔墨斯5号															
约翰卡特															
埃特莱茨山															
马文山															
盖洛克角															
奎特麦斯															
宇航员 亚当斯少校															
卡斯特罗上校															
雷·塞奇上校															
尼古奇上校															
罗斯科少校															

线索

1.美国海军上校雷·塞奇被选为赫尔墨斯号的飞行员。他所在的赫尔墨斯号编号比另一艘大两个数字。后者是一艘由来自美国空军的“野马”托勒尔少校指挥的赫尔墨斯号飞船。它将着陆在名叫奎特麦斯的环形山旁。

2.赫尔墨斯1号按照计划将停靠在名为盖洛克角的环形山旁。

3.停靠在马文山阴影处的赫尔墨斯号的编号在来自美国海军的普拉德上校指挥的赫尔墨斯号之后。

4.来自美国海军的“博士”李少校被选为赫尔墨斯号的队长，而来自美国陆军的罗斯科少校担任飞行员。但他们都不在赫尔墨斯1号上。

5.赫尔墨斯3号将由来自美国海军的乃尔特中尉指挥。他的飞行员不是来自美国陆军的尼古奇上校。

6.来自美国海军的亚当斯少校不是按照计划会挨在约翰卡特环形山停靠的那艘赫尔墨斯号的飞行员。来自美国陆军的卡斯特罗上校的队长姓高夫。

018 美丽的卖花姑娘

这里有5个卖花女的详细情况，根据下面的信息，你能说出她们所卖花的种类、价格以及卖花地点吗？

	卡文特花园街	黑玛科特大街	牛津街	皮科第立大街	斯杰德大道	石南花	薰衣草	伦敦国花	玫瑰	紫罗兰	1美分	2美分	3美分	4美分	5美分
汉纳															
梅															
内尔															
奎尼															
莎拉															
1美分															
2美分															
3美分															
4美分															
5美分															
石南花															
薰衣草															
伦敦国花															
玫瑰															
紫罗兰															

名字	部门	三明治	其他食物

线索

1.梅在斯杰德大道卖花，她的花比莎拉的花便宜1美分，薰衣草在卡文特花园街的价格是莎拉所卖花的价格的两倍。

2.奎尼不在卡文特花园街卖花。

3.玫瑰的价格比紫罗兰的价格贵。

4.汉纳卖的是紫罗兰。

5.在皮科第立大街卖的花不是玫瑰，也不是2美分一束的石南花。

6.在黑玛科特大街卖的花比在牛津街卖的花贵。

019 录像带

5位常客分别在上周的不同时间里从录像馆租了一盘录像带。根据下面的线索，你能找出每天光顾的顾客的全名以及他（她）所借的录像带吗？

	安布罗斯	盖尔	海伦	马伦	辛尼塔	卡彭特	狄克逊	埃杰特恩	福特	耶茨	动作片	《波力沃德浪漫史》	音乐电影	电视喜剧系列	西方经典剧
星期一															
星期二															
星期三															
星期四															
星期五															
动作片															
《波力沃德浪漫史》															
音乐电影															
电视喜剧系列															
西方经典剧															
卡彭特															
狄克逊															
埃杰特恩															
福特															
耶茨															

时间	名	姓	录像带

线索

1. 辛尼塔在福特去录像馆前一天租借了《波力沃德浪漫史》。
2. 安布罗斯·耶茨比租借动作片的那位顾客早去录像馆。
3. 著名的音乐电影在星期三被借走了。
4. 马伦在星期一借了一盘录像带，因为那天晚上他不打算出去了。
5. 海伦离开录像馆后，电视喜剧系列也被借出去了。
6. 狄克逊比卡彭特早一天租借了一盘录像带。

020 在沙坑里

在操场的一个角落里有一个沙坑，4位母亲站在沙坑的四周（A，B，C，D），看着自己的孩子在沙坑里（1，2，3，4）玩耍。根据下面的信息，你能分别说出这8个人的名字，并给他们配对吗？

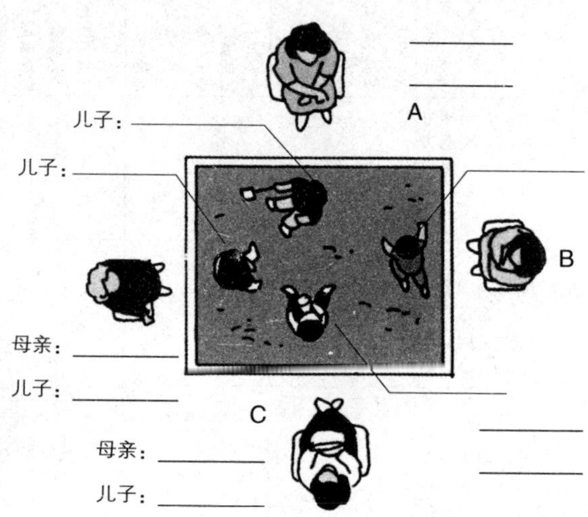

母亲：汉纳，詹妮，雷切尔，莎拉
儿子：卡纳，丹尼尔，爱德华，马库斯

提示：先找到卡纳的母亲。

线索

1.站在C位置上的不是汉纳，她的儿子站在顺时针方向上爱德华的旁边。
2.卡纳在4号位置上，而他的母亲不在B位置。
3.詹妮的孩子在3号位置。
4.丹尼尔是莎拉的儿子，他在逆时针方向上的雷切尔儿子的旁边，而雷切尔站在D位置。
5.没有一个孩子在沙堆里的位置与各自母亲的位置相对应。

021 加薪要求

4个工会的代表正在开会协议向W & S公司提交一份增加工资要求的声明。从以下给出的线索中，你能推断出图中每个人的名字、所代表的工会，以及代表的成员人数吗？

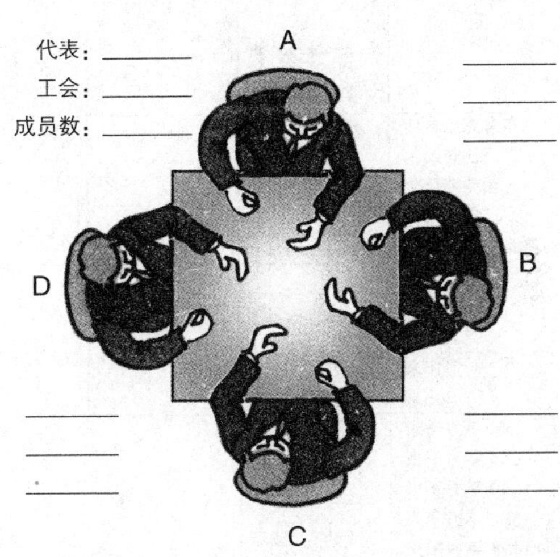

代表：阿尔夫·把特，吉姆·诺克斯，雷·肖，思德·塔克
工会：ABM, BBT, BBMU, UMBM
成员数：3，4，6，7

线索

1.思德·塔克坐在C位置，他代表的成员人数不是4人。

2.阿尔夫·巴特坐在来自ABM的那个代表的对面。ABM有6个成员在W & S公司。

3.有7个成员的工会不是BBT。

4.坐在D位置的人代表的是BBMU。

5.UMBM的雷·肖所代表的成员人数没有坐在B位置的人代表的多。

022 国家公园

不列颠拥有几座令人称羡的壮观而美丽的国家公园，下面具体介绍的是其中建于20世纪50年代的5个公园。从所给出的信息中，你能推算出每个公园设计于哪一年、覆盖的面积和最高点的海拔是多少吗?

	1951年	1952年	1954年	1956年	1957年	693平方千米	954 平方千米	1049 平方千米	1351 平方千米	1436 平方千米	432米	519米	621米	816米	885米
布雷克比肯斯															
达特姆尔															
埃克斯穆尔															
诺森伯兰															
约克北部的沼泽地															
432米															
519米															
621米															
816米															
885米															
693平方千米															
954 平方千米															
1049 平方千米															
1351 平方千米															
1436 平方千米															

公园	成立时间	占地面积	最高海拔

线索

1.5个公园中历史最悠久的那个公园覆盖面积为954平方千米；埃克斯穆尔国家公园的面积不是1049平方千米。

2.达特姆尔国家公园不是成立于1954年，所占面积少于1000平方千米。建于1952年和1954年的公园，其面积都不是1351平方千米。

3.占地最少的公园的最高点海拔为519米。而建于1952年的公园其最高点的海拔是5个公园中最低的。

4.最高点海拔是621米的公园和布雷克比肯斯公园的面积都不是1049平方千米。布雷克比肯斯公园不是建成于1954年。

5.诺森伯兰国家公园成立于1956年，它不是海拔最高的那个公园。

6.约克北部的沼泽地国家公园是5个公园中占地面积最大的。

023 侦探小说

我的朋友文森特喜欢侦探小说，他同时是个完美主义者——比如，一位作者写了7本侦探小说，不将其收集完整，他是不会甘心的。上个星期，文森特兴奋地告诉我，他已经完整地收集了5位侦探小说作者的全部作品。从以下给出的线索中，你能得出这5位作者所写的侦探的名字、各自写了几本有关这个侦探的书，以及对应出版社的名字吗？

线索

1.乔奇·弗赛斯写了10本侦探小说。

2.帕特里克·纳尔逊写的侦探小说本数比那个有关旧金山反犯罪的系列小说少2本，小说的主人公不是蒂特蒙中尉。

3.虚构的埃德加·斯多瑞侦探的经历由英国的地球出版社出版，有关他的书的本数比理查德·奎艾内写的要多。

4.亚当·贝特雷的作品由王冠出版社出版。

5.标枪出版社出版了其中一个虚构的侦探的事迹。

6.红隼出版社出版的侦探系列小说比有关乔布林博士的侦探小说多2本。小说里，业余侦探乔布林博士其实是个家庭医生。

7.现在伦敦工作的尼克·路拜尔是纽约的一个私家侦探，以他为主人公的小说写了18本。

024 过街女士

在我们镇上的5所小学里，小学生穿过拥挤马路时的安全是由他们的“过街女士”来负责的。从以下的信息中，你能推断出哪位“过街女士”在哪一所学校外工作、她们所负责的街道以及每位女士从事这份工作的时间吗？

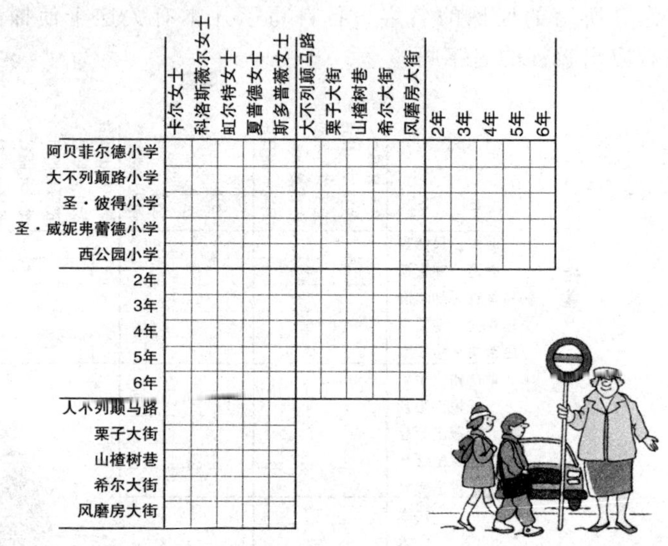

学校	过街女士	街道	工作年数

线索

1.有一位女士负责这个工作已经4年了，她并不在圣·威妮弗蕾德小学外的马路上工作，圣·威妮弗蕾德小学外面的马路也不是用树名来命名的。

2.斯多普薇女士是阿贝菲尔德小学的“过街女士”，但她不帮助学生经过风磨房大街；大不列颠路小学外的大街与此小学同名。

3.科洛斯薇尔女士在这5名女士中是最迟受雇佣的。她的学校外的马路并不称之为“某某街”。

4.西公园小学的“过街女士”已经工作3年了，希尔大街的“过街女士”已经工作5年了。

5.夏普德女士不是5人中工作时间最长的。

6.在栗子大街上的学校是根据圣人命名的，而卡尔女士在山楂巷阻拦车辆。

第五章

迂回思维

001 谁扮演“安妮”

思道布音乐剧团决定在今年上演《安妮》这出戏剧，但要找一个能扮演10岁的小安妮的演员。昨晚，导演卢克·夏普让4个候选演员做了预演，结果均不令人满意。从以下所给的线索中，你能推断出她们演出的顺序、各自的职业和她们不适合扮演安妮这个角色的理由吗？

	科拉·珈姆	艾达·达可	基蒂·凯特	蒂娜·贝茨	清洁工	家庭主妇	图书管理员	服装店助手	怀孕	太成熟	太高	错误形象
第1个												
第2个												
第3个												
第4个												
怀孕												
太成熟												
太高												
错误形象												
清洁工												
家庭主妇												
图书管理员												
服装店助手												

顺序	姓名	职业	理由

线索

1.图书管理员由于她1.8米的身高而与这个角色不符。

2.艾达·达可不可能饰演安妮，因为她已经怀孕了。

3.第2个参加预演的是个家庭主妇，但她不是蒂娜·贝茨。

4.第1个参加预演的是一个长相丑陋的人，她被导演卢克描述成孤儿小安妮的“错误形象”，她不是太成熟的清洁工。

5.科拉·珈姆是最后一个参加预演的。

6.基蒂·凯特是思道布市场一家服装店的助手。

002 足球评论员

作为今年欧洲青年足球锦标赛报道的一部分，阿尔比恩电视台专门从节目《两个半场比赛》的足球评论员中抽调了几位，这些评论员将分别陪同4支英国球队中的一支，现场讲解球队的首场比赛。从以下所给的线索中，请你推断出是什么资历使他们成为足球评论员的？他们所陪同的球队是哪支以及各球队分别要去哪个国家？

	前守门员	前经营者	前足球先锋	前足球记者	英格兰队	北爱尔兰队	苏格兰队	威尔士队	比利时	匈牙利	挪威	俄罗斯
阿里·贝尔												
多·恩蒙												
杰克爵士												
佩里·奎恩												
比利时												
匈牙利												
挪威												
俄罗斯												
英格兰队												
北爱尔兰队												
苏格兰队												
威尔士队												

姓名	资历	英国球队	会场

线索

1.杰克爵士将随北爱尔兰队去国外。

2.默西塞德郡联合队曾经的经营者将去比利时。

3.伴随英格兰队的评论员现在挪威，他不是阿里·贝尔。

4.曾是谢母司队守门员的足球评论员现在在威尔士队；而作为前足球记者的评论员虽然从来没有踢过球，但对足球了如指掌，他伴随的不是苏格兰队。

5.佩里·奎恩将随一支英国球队去俄罗斯，参加和俄罗斯青年队的比赛，不过他从来没进过球。

003 思道布的警报

昨天，思道布警察局接到了来自镇中心4个商店的报警电话，警车立即赶到事发现场（还好，没有一个电话要求救护车）。从以下所给出的线索中，你能推断出各个商店的名称、商店类别、它们的地址以及报警的原因吗？

	书店	纺织品店	五金商店	鞋店	格林街	国王街	牛顿街	萨克福路	车祸	错误警报	火灾	水灾
巴克												
格雷格												
林可												
帕夫特												
车祸												
错误警报												
火灾												
水灾												
格林街												
国王街												
牛顿街												
萨克福路												

商店名称	商店类别	地址	报警原因

线索

1.位于国王街的商店是卖纺织品的。

2.巴克商店的那个电话最后被证实是个假消息，由于商店的某个员工在贮藏室里弄出烟来而被人误以为是火灾。

3.在格林街的商店不是卖鞋子的，报警的原因是由于它的地下室被水淹了。

4.格雷格商店不卖五金用品。

5.牛顿街上的帕夫特商店不是一家书店，被一辆失控的车撞倒后，这家书店的一面墙几乎要倒塌了。

004 农民的商店

根据以下所给的线索，你能说出每个农场商店的店主名字以及所出售的主要蔬菜和肉类吗？

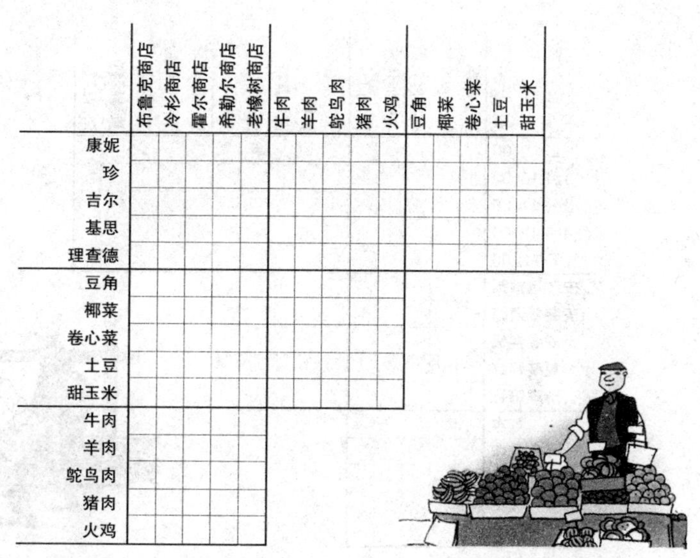

店主	商店	肉类	蔬菜

线索

1.理查德管理希勒尔商店，但他不是以卖猪肉为主。

2.火鸡和椰菜是其中一家商店的主要商品，但这家店并不是希勒尔商店，也不是布鲁克商店。

3.康妮不在冷杉商店工作，她也不卖土豆。而且土豆和羊肉不是在同一家商店出售的。

4.珍的商店有很多豆角，而基思的商店有很多牛肉。

5.霍尔商店以卖鸵鸟肉著称。

6.老橡树商店正出售一堆相当不错的卷心菜。

005 马蹄匠的工作

马蹄匠布莱克·史密斯还有5个电话要打，都是关于各地马匹的马蹄安装和清理的事情。从以下所给的信息中，你能推断出布莱克何时到达何地，并说出马的名字和工作的内容吗？

	高下马群	骑术学校	石头桥农场	韦伯斯特农场	瓦特门	本	乾坡	佩加索斯	波比	王子	安装运输蹄	安装普通蹄	安装赛板	重装蹄钉	清理蹄钉
上午9:00															
上午10:00															
上午11:00															
中午12:00															
下午2:00															
安装运输蹄															
安装普通蹄															
安装赛板															
重装蹄钉															
清理蹄钉															
本															
乾坡															
佩加索斯															
波比															
王子															

时间	地点	马	工作内容

线索

1.布莱克其中的一件工作，但不是第一件事，是给高下马群中的一匹赛马（它不叫佩加索斯）安装赛板。

2.叫本的那匹马不是要安装普通蹄的马。

3.布莱克在中午要为一匹马安装运输蹄，这匹马的名字比需要清理蹄钉的马长一些。

4.布莱克给瓦特门的波比做完活之后，接着为石头桥农场的那匹马做活。而给叫王子的马重装蹄钉的活是在韦伯斯特农场之前完成的。

5.乾坡不是韦伯斯特农场的马，也不是预约在10:00的那匹。

6.布莱克预计在11:00到达橡树骑术学校。

006 成名角色

5个国际戏剧艺术专业的学生由于在5部不同的作品中成功地扮演了不同的角色，知名度大大提高。从以下所给的线索中，你能推断出每个人所扮演的角色以及各个作品的题目和类型吗？

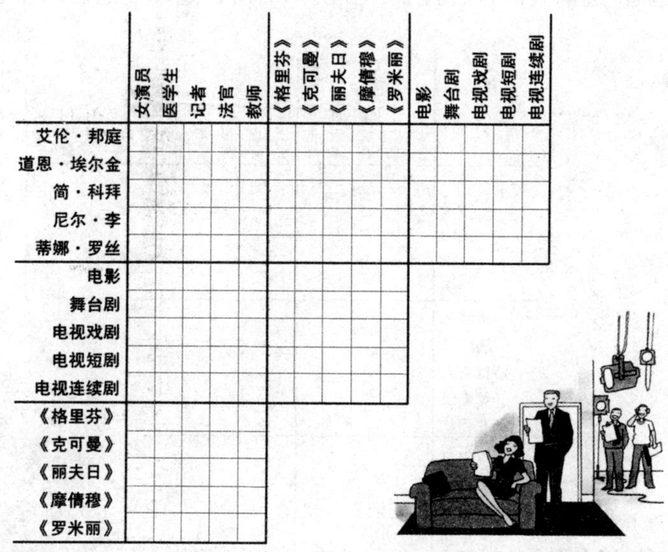

姓名：艾伦·邦庭（Alan Bunting），道恩·埃尔金（Dawn Elgin），简·科拜（Jane Kirby），尼尔·李（Neil Lee），蒂娜·罗丝（Tina Rice）

线索

1.其中的一个年轻女性扮演了《格里芬》里的一位踌躇满志的年轻女演员。道恩·埃尔金饰演一位理想主义的医学生。

2.艾伦·邦庭饰演的不是一位教师，也不会在电影中出现。尼尔·李在一部由4个系列组成的电视短剧中扮演角色。

3.在13集的电视连续剧中，简·科拜不会出现，这部电视剧中也不会出现法官这个角色。

4.一部关于一个省级日报记者的电视将一个年轻的演员捧红，他的姓要比《罗米丽》中的演员的姓少一个字母。

5.《丽夫日》将在西城终极舞台上演。

6.蒂娜·罗丝是《摩倩穆》中的主角。

007 继承人

104岁的伦琴布格·桑利维斯是爱吉迪斯公爵家族成员之一，他最近的病情使人们把目光都聚集在他的继承人身上。但他的继承人，即他的5个侄子，却都定居在英国。从以下所给的线索中，你能推断出这5位继承人的排行位置、在英国的居住地以及他们现在的职业吗？

	贝赛利	吉可巴士	麦特斯	帕曲西斯	西吉斯穆德斯	格拉斯哥	利物浦	施坦布尼	坦布	沃克叟	清洁工	消防员	旅馆主人	管道工	出租车司机
第1															
第2															
第3															
第4															
第5															
清洁工															
消防员															
旅馆主人															
管道工															
出租车司机															
格拉斯哥															
利物浦															
施坦布尼															
坦布															
沃克叟															

排行位置	继承人	家乡	职业

线索

1.施坦布尼的首席消防员和他的堂兄妹一样是继承人身份，但他从不炫耀这个头衔，在家族中他排行奇数位。

2.盖博旅馆的主人在家族中排行不是第2也不是第5，他的家不在格拉斯哥。

3.在沃克叟工作的继承人在家族中排行第4。

4.跟随家族中另一位继承人贝赛利（他在利物浦的邻居叫他巴时）从事管道工作的是西吉斯穆德斯，他也是继承人之一，他更喜欢人家称他为西蒙王子。

5.家族中排行第3的继承人在他英国的家乡从事出租车司机的工作。

6.吉可巴士继承人（吉可）在家系中排行第2。

7.通常被人家称为帕特里克的帕曲西斯继承人不住在坦布。

008 新工作

5个年轻人均在最近几周找到了新工作，他们在同幢大楼的不同楼层工作。从以下所给的线索中，你能找出他们的工作单位、所在楼层以及他们在那里工作的时间吗？

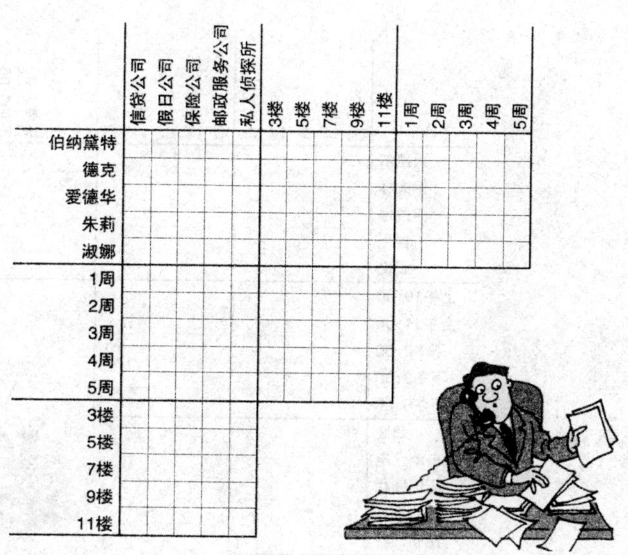

姓名	公司	楼层	周数

线索

1.伯纳黛特在邮政服务公司工作，他所住的楼层比那个最近被雇佣的年轻人要低2层。而后者即最近被雇佣的不是爱德华，爱德华所住的楼层要比保险公司经纪人的高2层，保险公司经纪人是在最近2周被招聘的。

2.假日公司的职员不在第5层。

3.德克是在4周前就职的。

4.信贷公司的办公室在大楼9层。

5.淑娜不是私人侦探所的职员。

6.3周前就职的女孩在大楼的第7层上班。

009 兜风意外

5个当地居民在上周不同日子的不同时间驾车时都发生了一些意外。从以下所给的线索中，你能推断出发生在每个人身上的不幸事件具体是什么，以及这些不幸事件发生的具体时间吗？

	星期一	星期二	星期三	星期四	星期五	超速	蓄电池没电	压倒栅栏	车胎穿孔	撞到门柱	上午10:00	上午11:00	下午2:00	下午3:00	下午5:00
西里尔															
伊夫林															
格兰地															
吉恩															
姆文															
上午10:00															
上午11:00															
下午2:00															
下午3:00															
下午5:00															
超速															
蓄电池没电															
压倒栅栏															
车胎穿孔															
撞到门柱															

姓名	日期	事件	时间

线索

1.伊夫林的车胎穿孔比吉恩的灾祸发生的时间晚几个钟头，却是在第二天。

2.星期五那天，一个粗心的司机在启动车子时把车撞到门柱上。

3.姆文是在星期二发生意外的，意外发生的时刻比那个司机因超速而被抓的时刻早。

4.西里尔的不幸发生在下午3:00。

5.格兰地的麻烦事发生的时刻比发生在早上10:00的祸事要早。

6.其中一个司机在下午5:00要启动车子的时候发现蓄电池没电了。

010 单身男女

在最近一次“单身之夜”上，5位单身女士不久即被5位单身男士所吸引，并且他们发现彼此都有一个共同爱好。从以下给出的详细信息中，你能分别找出每一对的共同爱好以及每位男士的迷人之处吗?

女士	男士	共同爱好	迷人之处

线索

1.詹妮被一个非常高的男士所吸引，但他们的共同爱好不是古典音乐。古典音乐的爱好者也不是克莱夫，克莱尔不是靠他的声音及真诚的举动吸引其中一位女士的。

2.马特是依靠他的真诚举动赢得了一位女士的芳心，但他不爱好老电影。

3.罗斯发现她并不渴望和克莱夫及彼特聊天，彼特不爱好园艺，他不靠他的幽默感吸引人。

4.爱好园艺的人同样有着最迷人的眼睛。

5.比尔爱好烹饪。

6.凯茜和休约定下次再见面，布伦达和她的舞伴也是如此。

011 新英格兰贵族

有5个人是英格兰开拓者的后代。从以下给出的线索中，你能准确说出这5个人的姓名、居住地以及他们的职业吗?

	古德里	皮格利	朴历夫	斯泰丽思	温士	康涅狄格州	缅因州	马萨诸塞州	新汉普郡	佛蒙特州	建筑师	银行家	大学助教	法官	警官
亚历山大															
本尼迪克特															
埃尔默															
杰斐逊															
马文															
建筑师															
银行家															
大学助教															
法官															
警官															
康涅狄格州															
缅因州															
马萨诸塞州															
新汉普郡															
佛蒙特州															

名	姓	州	职业

线索

1.亚历山大和住在马萨诸塞州的古德里都不从事法律方面的工作。
2.马文不住在康涅狄格州，他也不姓皮格利，皮格利不是警官。
3.建筑师姓温上，他的名字在字母表中排在那个住在缅因州的人之后。
4.本尼迪克特的家乡和另外一个州的首字母相同，本尼迪克特不是法官。
5.银行家是新汉普郡的居民。
6.杰斐逊是一所大学的助教。
7.佛蒙特州不是那个叫斯泰丽思的人居住的州。

012 交叉目的

上星期六，住在4个村庄的4位女士由于不同的原因，如图所示，同时朝着离家相反的交叉方向出发。从以下所给的线索中，你能指出这4个村庄的名字、4位女士的名字以及她们各自出行的原因吗？

1 2

村庄：________ ________

姓名：________ ________

原因：________ ________

村庄：________ ________

姓名：________ ________

原因：________ ________

3 4

提示：先找出各个村庄的名字。

村庄：克兰菲尔德村，利恩村，耐特泊村，波利顿村
名字：丹尼斯，玛克辛，波利，西尔维亚
原因：参加婚礼，遛狗，见朋友，看望母亲

线索

1.波利是去见一位朋友。
2.耐特泊村的居民出去遛狗。
3.村庄4的名字为克兰菲尔德。
4.西尔维亚住的村庄靠近参加婚礼的人住的村庄，并在这个村庄的逆时针方向。
5.丹尼斯去了波利顿村，它位于举行婚礼的利恩村的东面。

013 可爱的熊

我妹妹在她梳妆台的镜子上摆放了4张照片，这4张照片展示的是她去年去动物园时所看到的熊。从以下所给的线索中，你能说出这4只熊的名字、种类以及各个动物园的名字吗?

A　B　C　D

熊名：________ ________ ________

种类：________ ________ ________

动物园：________ ________ ________

提示:先找出D照片的熊名。

熊名: 布鲁马，帕丁顿，鲁珀特，泰迪
种类:灰熊，极地熊，眼镜熊，东方太阳熊
动物园: 布赖特邦，格林斯顿，诺斯丘斯特，天鹅湖

线索

1.布鲁马的照片来自它生活的天鹅湖动物园。
2.A照片上的熊叫帕丁顿，它不来自秘鲁。
3.格林斯顿动物园的灰熊的照片在一张正方形的明信片上。
4.眼镜熊的照片在鲁珀特的右边，鲁珀特熊不穿裤子。
5.泰迪的照片紧靠来自布赖特邦动物园那只熊的左边，后者不是东方太阳熊。

014 囚室

图中的Ⅰ，Ⅱ，Ⅲ，Ⅳ分别代表了4个囚室，你能依据线索说出被囚禁者以及他或她父亲的名字等细节吗？

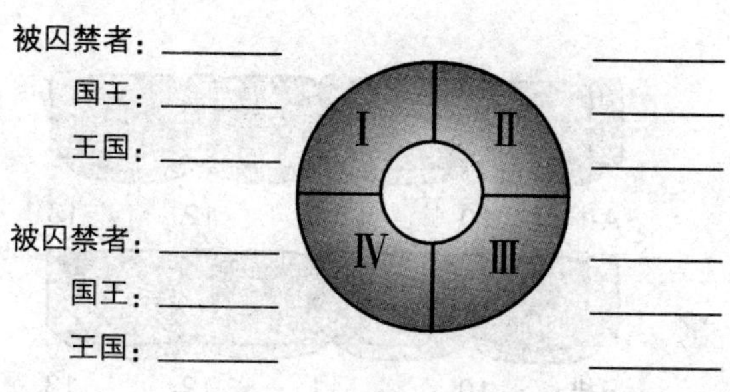

提示：先找出吉尼斯公主的对面是谁的房间。

被囚禁者：阿姆雷特王子，沃而夫王子，卡萨得公主，吉尼斯公主
国王：阿弗兰，恩巴，西福利亚，尤里
王国：卡里得罗，尤里天，马兰格丽亚，欧高连

线索

1.在房间Ⅰ里的是国王尤里的孩子。

2.禁闭阿弗兰国王唯一的孩子的房间，是尤里天的郡主所在房子的逆时针方向上的第一间，后者的房子在沃而夫王子的对面。

3.禁闭欧高连统治者孩子的房间，是国王西福利亚的孩子所在房间逆时针方向上的第一间。

4.勇敢的阿姆雷特王子，在美丽的吉尼斯公主所在房间顺时针方向的第一个房间，即马兰格丽亚国王的小孩所在房间逆时针方向的下一间。

5.卡萨得公主在一位优秀王子的对面，前者的父亲统治的不是卡里得罗。卡里得罗也不是国王恩巴的统治地。

015 剧院座位

一次演出中，某剧院前3排中间的4个座位都满了，从以下所给的线索中，你能将座位和座位上的人正确对上号吗？

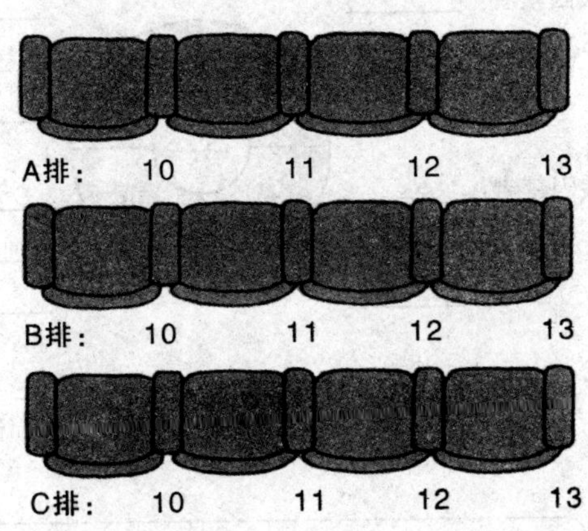

提示：先找出A排13号座上的人。

姓名：安吉拉(女)，查尔斯(男)，亨利(男)，珍妮特(女)，朱蒂(女)，莉迪亚(女)，玛克辛(女)，尼娜(女)，彼特(男)，罗伯特(男)，托尼(男)，罗伯特(男)，文森特(男)

线索

1.彼特坐在安吉拉的正后面，也是在亨利的左前方。

2.尼娜在B排的12号座。

3.每排4个座位上均有2男2女。

4.玛克辛和罗伯特在同一排，但要比罗伯特靠右边2个位置。

5.坐在查尔斯后面的是朱蒂，朱蒂的丈夫文森特坐在她的隔壁右手边上。

6.托尼、珍妮特、莉迪亚3个分别在不同的排，莉迪亚的左边（紧靠）是个男性。

016 直至深夜

剧院打算上演新剧《直至深夜》，原本打算早上7:00预演，可演员们不约而同都迟到了。从以下所给的线索中，你能说出这5个演员分别扮演剧中的哪个角色、他们到达剧院的时间以及迟到的理由吗？

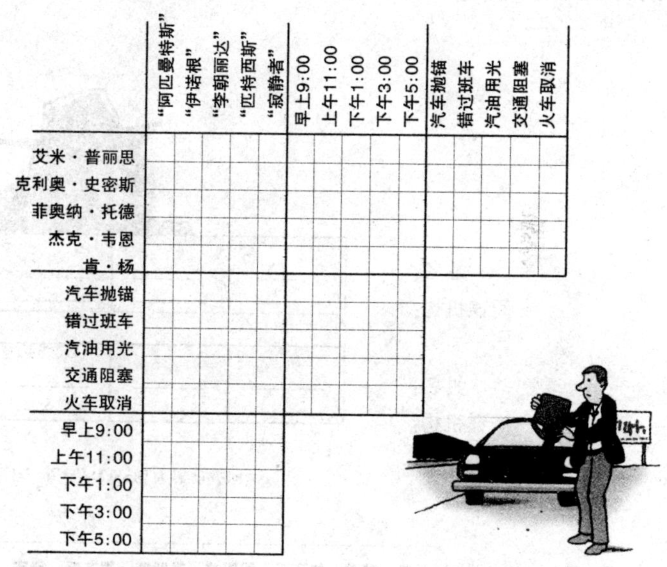

线索

1.肯·杨把他的姗姗来迟归咎于错过了发自伦敦的早班车，并“为迟到几分钟真诚地向大家道歉”，他要比在剧中出演“阿匹曼特斯”的演员早到2小时，后者称由于工作人员短缺，他的火车被取消所以迟到的。

2.在A12大道上由于汽油用尽而迟到的那个演员是在早上9:00到的。

3.另外一人由于汽车抛锚而迟到（已经不是第一次了），把一群人搁在卡而喀斯特和斯坦布之间很长时间，他不是最后一个到达并出演“伊诺根”的演员。

4.已经疲惫于向人们解释的杰克·韦恩和约翰·韦恩没有任何关系，以至于正考虑要不要把名字换成卢克·奥利维尔，他是在11:00到的剧院。

5.在M25大道上塞车塞了很长时间的不是克利奥·史密斯。

6.菲奥纳·托德是扮演“寂静者”的演员，也是剧中对白最多的人，不是比出演“匹特西斯”的演员早到2小时的那个人。

017 房间之谜

第二次世界大战期间，西班牙保持中立，马德里的一个旅馆经常有战争双方的间谍居住，而在那里，西班牙的一个便衣警官也会监视着他们。以下是1942年的某天晚上旅馆第1层的房间房客分布情况，你能说出各个房间被间谍占用的情况以及他们都分别为谁工作吗？

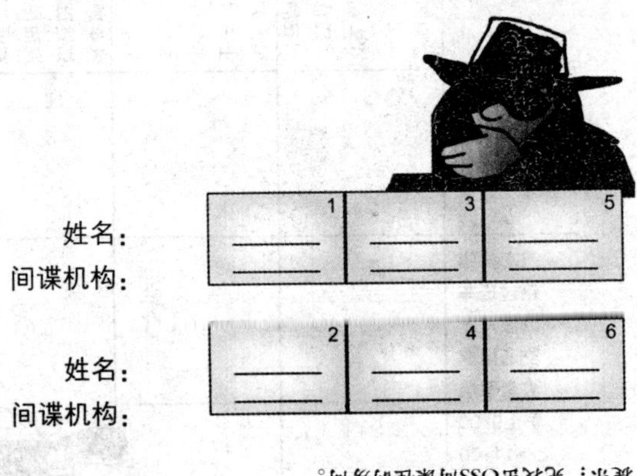

提示：先找出OSS间谍住的房间。

姓名：戴兹，加西亚，罗佩兹，毛罗斯，罗布斯，鲁宾
间谍机构：阿布威，GRU，M16，OSS，SD，SDECE

线索

1.英国M16特务的房间在加西亚先生的正对面，后者的房间号要比罗布斯先生的房间小。

2.6号房间的德国SD间谍不是罗佩兹。

3.德国另一家间谍机关阿布威的间谍行动要非常小心，因为房间2，3，6的人都认识他。

4.毛罗斯先生的房间号要比苏联GRU间谍的房间大。

5.法国SDECE间谍的房间位于鲁宾和美国OSS间谍的房间之间，美国OSS间谍的房间是三者中房间号最大的。

018 吹笛手游行

图中展示了吹笛手带领着哈密林镇的小孩游行，原因是他用他的笛声赶走了镇里的所有老鼠，但镇里却拒绝付钱给他。从以下所给的线索中，你能说出4个小孩的名字、他们的年龄以及他们父亲的职业吗？

提示：先找出格雷琴的位置。

姓名：格雷琴，汉斯，约翰纳，玛丽亚
年龄：5，6，7，8
父亲：药剂师，屠夫，牧羊者，伐木工

线索

1.牧羊者的小孩紧跟在6岁的格雷琴的后面。
2.汉斯要比约翰纳年纪小。
3.最前面的小孩后面紧跟的不是屠夫的孩子。
4.队列中3号位置的小孩今年7岁。
5.玛丽亚的父亲是药剂师，她要比2号位置的孩子年纪小。

019 戴黑帽子的家伙

红石西野镇治安长官的办公室墙上挂着4张图片，他们是臭名昭著的黑帽子火车盗窃团伙的成员。从以下所给的线索中，你能说出他们各自的姓名和绰号吗？

提示：先确定图C是谁。

名：赫伯特，雅各布，马修斯，西尔维斯特
姓：丘吉曼，加夹得，麦克隆，沃尔夫
绰号："强盗"，"男人"，"小马"，"里欧"

线索

1.赫伯特的图片和"男人"麦克隆水平相邻。
2.图片A是雅各布，而图片C上的不是西尔维斯特·加夹德。
3.姓沃尔夫的男人照片和绰号"小马"的照片水平相邻。
4.在D上的丘吉曼的绰号不是"强盗"。

020 戒指女人

洛蒂·吉姆斯本是一个不起眼的女演员，却因和很多有钱男人订过婚，关系破裂后得到他们价值连城的婚戒而扬名，从而成为名副其实的“戒指女人”。从以下所给的线索中，你能说出每个戒指里所用的宝石的类型、戒指的价值以及这些戒指分别是哪个男人给的吗？

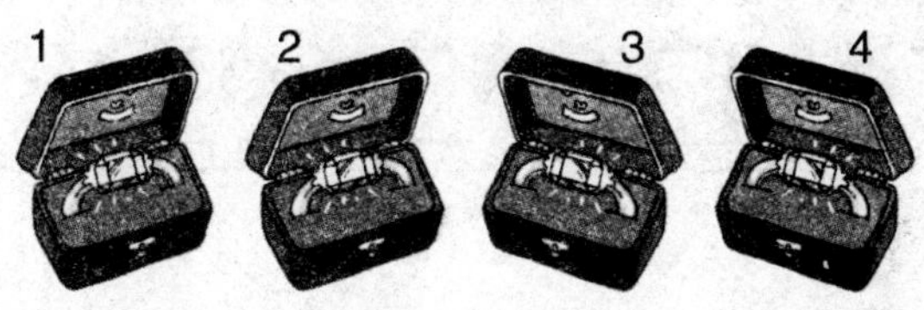

提示：先找出价值10000英镑的戒指。

宝石：________ ________ ________

价值：________ ________ ________

未婚夫：_______ ________ ________

宝石：钻石，翡翠，红宝石，蓝宝石
价值(英镑)：10000，15000，20000，25000
未婚夫：艾伦·杜克，休·基恩，马特·佩恩，雷伊·廷代尔

线索

1.洛蒂从企业家雷伊那得到的钻戒就在价值10000英镑的戒指旁边。
2.从电影导演马特·佩恩那得到的戒指要比那个硕大的红宝石戒指便宜。
3.那个翡翠戒指价值不是15000英镑，它不是休·基恩给她的。
4.戒指3花了她前未婚夫20000英镑。

021 小猪储蓄罐

诺斯家的柜子上摆放着5个小猪储蓄罐，他家的5个小孩正努力存钱。从以下所给的线索中，你能描述这几个小猪的详细情况——它们的颜色、名字以及各自的主人吗？

提示：先找出那个12岁小孩的名字。

颜色:蓝，绿，红，白，黄
小孩名字:本，卡米拉，大卫，杰茜卡，卡蒂
小孩年龄:8，9，10，11，12

线索

1.蓝色的小猪不属于杰茜卡，它的主人比大卫大1岁。大卫拥有自己的小猪储蓄罐，大卫的小猪储蓄罐不是红色的，它的位置在蓝色小猪的右边，但相隔不止一只小猪。

2.紧靠大卫小猪左边的绿色小猪的主人比大卫大2岁。

3.卡米拉的小猪储蓄罐紧靠红色小猪的左边。卡米拉要比红色小猪的主人年纪大，但她不是5个小孩中最大的。

4.黄色的小猪不是大卫的，它紧靠杰茜卡的小猪左边，它的主人要比图中B小猪的主人大1岁，但要比大卫小1岁。

5.本比纯白色小猪的主人小1岁，但比卡蒂大1岁，卡蒂的小猪比本的小猪和白色小猪更靠左。

6.诺斯先生和夫人一直想让孩子们按年龄大小把他们各自的小猪从左到右排列，但都没有如愿。事实上，如果按他们的方案来看，目前没有一只小猪在它们应该在的位置上。

022 巅峰地区

在安第斯山脉的某个人迹罕至之地，那里的4座高峰都被当地居民当作神来崇拜。从以下所给的线索中，你能说出4座山峰的名字以及它们之前被当作哪个神来崇拜吗？最后将4座山峰按高度排序。

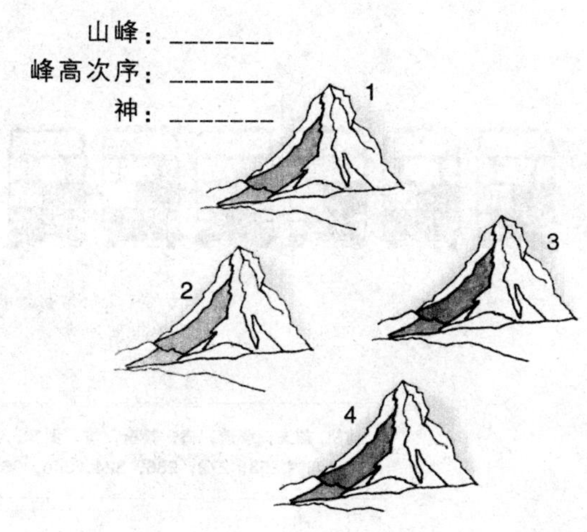

提示:先找出格美特的位置。

山峰:飞弗特尔，格美特，普立特佩尔，辛格凯特
峰高次序:最高，第2，第3，第4
神:庄稼之神，火神，森林之神，河神

线索

1.最高那座山峰是座火山，曾经被当作火神崇拜。

2.格美特被当作庄稼之神崇拜，是4座山峰中最矮那座的顺时针方向上的下一座。

3.山峰1被当作森林之神崇拜。

4.最西面的山峰叫飞弗特尔，而普立特佩尔不是第2高的山峰。

5.最东面那座是第3高的山峰。

6.辛格凯特比被崇拜为河神的山峰更靠北一些。

023 巴士停靠站

巴士停靠站已经被图中所示的1~7号双层巴士停满了，其中1号靠近入口处。从所给的线索中，你能说出每个司机的名字和这些车子的车牌号码吗?

提示:先找出雷停靠的巴士的车牌号。

司机: 戴夫，埃迪，肯，赖斯，雷，罗宾，特里
巴士车牌:253，279，286，324，340，361，397

线索

1.324号巴士要比司机雷停靠的巴士远离入口2个位置，并且雷的牌号要比324号大。

2.2号和7号位置的车牌号末位都是奇数，但是首位数字不同。

3.特里的巴士的车牌号是361。

4.图中3号位置的巴士不是戴夫驾驶的巴士，它的车牌号要比相邻的两辆巴士小。

5.5号位置的巴士车牌号是340，车牌号为286的巴士没有停在图中6号位置。

6.肯停靠的巴士刚好紧靠在车牌号为253的巴士左边。

7.赖斯把双层巴士停在图中4号位置。

8.埃迪把巴士停在罗宾的巴士左边某个位置，但不在它的旁边。

024 女运动员

5位年轻的运动员正在伦敦机场等出租车，她们都刚从国外回来。从所给的线索中，你能说出她们的姓名、分别从哪里回来以及都从事什么运动项目吗？

提示：先找出队列最后那位女士最喜爱的运动。

姓名：黛安娜·埃尔金，格丽尼斯·福特，凯特·肯德尔，莫娜·洛甫特斯，斯特拉·提兹
离开地：布里斯班，卡萨布兰卡，洛杉矶，罗马，东京
运动项目：射击，羽毛球，高尔夫，滑冰，台球

线索

1.从来没去过东京的凯特·肯德尔紧靠在滑冰者之后，并在刚从洛杉矶飞回来的女士之前。

2.高尔夫球手紧跟在斯特拉·提兹之后。

3.射手在图中3号位置，羽毛球手紧靠在刚从卡萨布兰卡回来的旅客之前。

4.台球手在莫娜·洛甫特斯之前，中间隔了不止一个人，刚从东京飞回来的女士排在格丽尼斯·福特之后的某个位置。

5.黛安娜·埃尔金不是队列中的第一位也不是最后一位。图中1号不是刚从罗马回来的，图中2号不是从东京回来的。

025 小屋的盒子

每次乔做家务要用到东西的时候，他就会去盒子里找。图中架子上立着4个不同颜色的盒子，每个盒子里都是一些有用的东西。从以下所给的线索中，你能弄清有关盒子的所有详细细节吗？

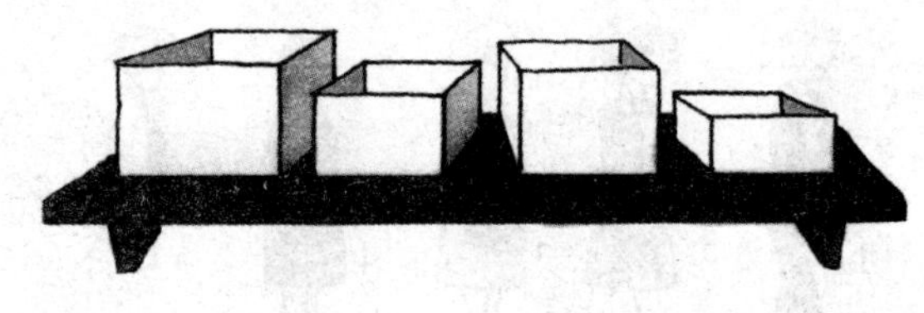

盒子颜色：________ ________ ________ ________

东西数目：________ ________ ________ ________

东西条目：________ ________ ________ ________

盒子颜色：蓝，灰，绿，红
东西数目：39，43，58，65
东西条目：地毯缝针，钉子，螺丝钉，洗涤器

提示：先分辨出钉子所在盒子的颜色。

线索

1.不同种类的43个钉子不在灰色的盒子里。

2.蓝色的盒子里有58样东西。

3.螺丝钉在绿色的盒子里，绿色盒子一边的盒子里有洗涤器，另一边的盒子里放着数目最多的东西。

4.地毯缝针在C盒子里。

026 换装

在大不列颠的鼎盛时期，有素养的女士不像现在这样能在海边游泳，她们只能穿着及膝的浴袍坐在沐浴用的机器上，让机器把她们缓缓降入水中。下图展示的是 4 个机器，从所给的线索中，你能说出使用机器的 4 位女士的名字以及她们所穿浴袍的颜色吗？

名:贝莎，尤菲米娅，拉福尼亚，维多利亚
姓:卡斯太尔，兰顿斯罗朴，马歇班克斯，坡斯拜尔
浴袍:蓝白相间，绿白相间，黄白相间，红白相间

提示:先找出D机器使用者的名字。

线索

1.贝莎的机器紧挨马歇班克斯小姐的机器。
2.C机器是兰顿斯罗朴小姐的。
3.卡斯太尔小姐穿着绿白相间的浴袍。
4.拉福尼亚的机器位于尤菲米娅·坡斯拜尔的机器和穿黄白相间浴袍小姐的机器之间。
5.使用B机器的女士穿了红白相间的浴袍。

答

案

○ 发散思维

001 爱之花

一对亲吻的恋人形成了玫瑰花的轮廓，或者说一朵玫瑰花里隐藏了一对恋人。两种含义的线条不清晰，造成了不同的表达。

002 玛莲·德烈治

墨西哥艺术家奥克塔维奥于 20 世纪 40 年代创造了关于电影明星玛莲·德烈治的这个著名场景。

003 狐狸

酒店的招牌、门、墙壁上的图案、酒店旁的树等共同组成了一只狐狸。

004 天使

图中的人头和手隐藏了天使。

005 神秘的嘴唇

嘴唇在保姆的背后，西班牙超现实主义者萨尔瓦多·达利对于两可图像非常着迷，将这幅画命名为“保姆背后神秘的嘴唇”。该画绘制于1941年。

006 10个人

图中有5个脑袋，但是可以数出10个完整的身体。

007 堂·吉诃德

这幅图像主要的场景是被模糊了的堂·吉诃德肖像，但是背景中隐藏着好多张面孔。

008 狗的小岛

你可以同时看到一个岛屿和两只狗。

009 二重奏

这个雕塑由两个侧面轮廓组成——钢琴家和小提琴家，它们之间成

90°。

010 硬币

硬币上的肖像是当时的罗马教皇，颠倒之后，就变成了恶魔。

011 蔬菜园丁

将图片上下颠倒就能看到人的脸。

012 法国人头

颠倒后会看到不同的人头。这是19世纪早期法国的颠倒肖像例子。

013 恋爱和结婚

正眼看这幅图，可以看到微笑的女人和男人；将图颠倒后，他们两人是皱着眉头愤怒地看着对方。

014 警察

这是由雷克斯·威斯特勒创作的可颠倒图像。如果将图片颠倒，警察将会呈现十分惊讶的表情。

015 小女孩和老人

将图片颠倒过来你就会有惊人的发现。

016 小丑

不要从局部观察，而是通观全局，就能看到小丑。

017 树的群落

018 雪花生意

完美的雪花是2和7。其他雪花的缺陷在下图中用红色圈出。

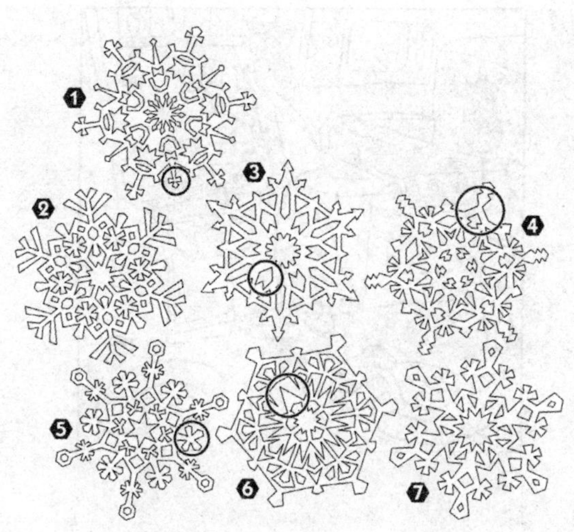

019 古怪餐厅

错误：两扇窗户一扇显示的是白天，一扇是夜晚；一位顾客手里的菜单（MENU）拿倒了；服务员用勺子写字；服务员只穿了一只鞋；收银员用收银机打游戏；牌子上写着“HAVE A A NICE DAY”（多了一个A）；蛋糕柜子上圆下方；蛋糕柜里装有一个宇宙飞船；一个女孩在喝番茄酱；一个男人的衣服穿反了；一个男人用帽子盛汤；前面拿菜单的男人长了三只手；服务员的盘子失去了平衡；一把凳子没有支柱；一个男人举着空杯子在喝；通往厨房的门是外开式，服务员却在往里推；一个服务员戴着护士的帽子；一个服务员把咖啡倒进谷物里；一个女人用狗狗的碗吃饭；蛋糕半边三层半边双层；盐和胡椒的标签弄反了；厨师旁边的订单里夹了一只袜子；厨师正烹饪的蛋没有剥壳；厨师手里的盘子端倒了。

020 恍然大悟

021 粉碎的镜像

相匹配的是2和8。

不同：

1. 多出来尖牙
3. 胳膊上没毛
4. 右边中间多一道裂缝
5. 疣少了一个
6. 大拇指不见了
7. 左上角少一道裂缝

022 从这里下坡

错误：驼鹿的两只角不一样；相框是侧着挂的；相框图片中的雪地里有一棵棕榈树；保龄球瓶在壁炉里；靠墙的滑雪板有一个两头都是尖

的；一根滑雪杖下面有一个叉子；熊皮小毯子上面有豹纹斑点；冰垂在屋子里面；女人两腿之间的沙发条纹颜色变了；坐着的男人有三只手；桌上放的“SKIIING”书拼错了，里面有三个“I”；坐在滑雪缆车里的人在往下坐，而不是往上；坐在缆车里的一个女人穿着轮滑鞋；山顶上有樱桃；滑下坡的小孩穿着泳装；右边窗玻璃外的天空变了颜色；胳膊摔坏的男人拄着他根本用不着的拐杖；楼梯上的女人手里的杯子拿倒了；楼梯后栏杆的一根支柱跑到了前栏杆的前面；布谷鸟太大了，进不了那个摆钟的门；钟上面的3和9地方反了；一个钟摆是一条鱼。

023 滑板高手

一模一样的是B和E。

不同：

A．没有后轮上的铁片

C．短裤变成浅黄色的了

D．帽子的条纹变成涂满的了

F．闪电的图案倒了

G．袖子要短一些

024 假日海滩

1．双肩背包，棒球手套

2．运动型收音机，充气游泳圈

3．太阳镜，裤子

4．紧身短背心，夹趾拖鞋

5．帽舌，脚蹼

6．潜水面罩，手表

025 保龄球馆

下图比起上图的变化：橘色的三角形变成了蓝色；中间的道多了一个瓶；打扫的男人脸上多了一副眼镜；扫帚变成了拖把；女人的直发变成了卷发；男人衣服背后印的GARAGE变成了GARBAGE；回球器里面中间那个球的颜色变了；男孩帽子的帽檐变短了；男孩手里的鞋鞋带系上了；桌上杯子上插的吸管由弯变直了；盘子里的比萨移动位置了；女孩换了一只手来写字；椅子底座分开了；热狗涂上了芥末酱；橘色的球旋转了；男人的袖子变长了；绿色和黄色的球由分开变成靠在一起了。

026 雪落进来了

027 赝品

画：A ——眉毛上挑；B ——手腕上有手表；C ——背景里的云换了位置；D ——完美的赝品；E ——手的位置反了

美元：A ——没有圆的印；B ——完美的赝品；C —— ONE 和 BUCK 位置反了；D ——人像方向反了；E ——多了蝴蝶领结

壶：A ——完美的赝品；B ——长矛变成了三叉戟；C ——最上面的那块没有了；D ——壶底的颜色反了；E ——盾牌上面的星星变成了三角形

邮票：A ——没有火车头最前面的光束；B ——工程师头上戴着棒球帽；C ——铁轨变成了公路；D ——烟囱变成了黄色；E ——完美的赝品

028 倒影

倒影的不同：撞在一起的男孩位置反了；撞在一起的男孩手套变成不分指手套了；倒影的 6 看起来应该像 9 才对；黄色帽子上的长尾部变短了；紫色的裤子款式变了；牵狗女孩的发型变了；狗的皮带绳不见了；狗身上的斑点变了；牵手男人的倒影没有连着；牵手男人（右）的鞋子颜色变了；睡着的狗没有倒影；跳起来的男孩裤子颜色变了；跳起来的

男孩的冰刀没有倒影；坐着的女孩倒影中多了一副眼镜；坐着的女孩外套上的补丁变了；快摔倒的男人的冰刀在倒影里成了轮滑鞋。

029 汉堡

相匹配的是1和5。

不同：

2. 汉堡上的芝麻不见了
3. 多了一根薯条
4. 汉堡馅上面多了番茄酱
6. 汉堡馅上面多了泡菜
7. 盘子边多了波浪形的设计
8. 牙签的装饰变成黄色了

030 藏着的老鼠

031 缺少的部件

缺少的部件有：

1. 水槽：排水口
2. 皮带：系皮带时需要的金属扣
3. 锅：锅盖柄
4. 喷雾瓶：把液体压入喷雾器的管子
5. 糖果机：糖果出来的出口
6. 铅笔：铅

7. 衬衫：纽扣眼

8. 独轮手推车：支脚

032 眼花缭乱

1. 汽水罐
2. 灯
3. 扫帚
4. 锤头
5. 录像带
6. 字典
7. 自行车头盔
8. 伞
9. 开罐器

033 一样的图形

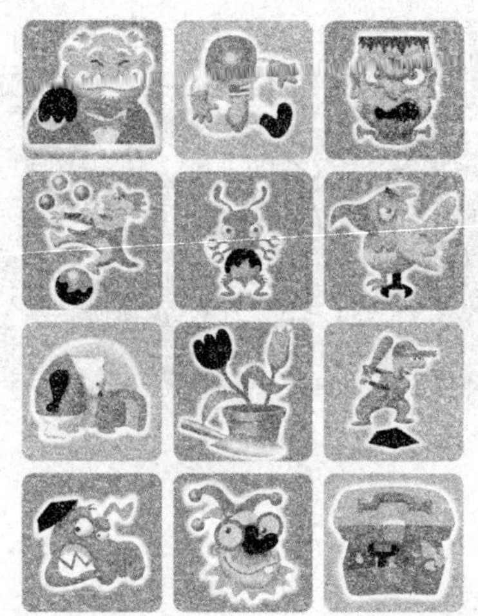

034 宠物店

错误：有一条鱼是一颗有包装纸的糖；“PET SHOP”里的“S”跟其他字母正反不一样；店里卖鱼项圈；“FISH FOOD SALE”打折

信息上显示的现价却比原价高；鸟在一个装满水的袋子里；男孩是一只猩猩；红鸟和栖木在鸟笼外面；蓝鸟鸟笼的链子上少一个环；蓝鸟鸟笼里有篮球和篮筐；大鱼缸里的水水面是斜的；鱼戴着眼镜；犀牛被关在笼子里；鱼和水在笼子里；猫有发条；女孩的衣服袖子一只长一只短；仓鼠看报纸；狗头朝下倒着；乌龟有两个头；乌龟身上有尾灯和牌照；不同树枝之间蛇身上的花纹不一样；蛇的舌头是一把叉子；“PLEASE DO NOT TAP ON ON GLASSES（请不要敲打玻璃）”里面多了一个“ON”；男孩有三只胳膊；猫咪身子一半是蜥蜴；关老鼠的笼子里有一个鼠标。

035 闹鬼的房子

讨要糖果的小鬼住的房子用星号标记出，如图所示。

036 圣诞老人

问题的答案是：POLE VAULT（撑竿跳）。

下面图与上面图的不同之处，从左到右为：玩具木马背上的毯子变成了绿色；方眼镜变成圆的了；蜡烛变短了；小精灵的鞋头变弯了；窗户上的雪花位置下移了；门把手变样了；圣诞老人的外套上多了一个口袋；门口的长短冰凌换位置了；柱子上的条纹改变了方向。

037 姜饼屋

问题的答案是：DOUGH NUTS（糖圈饼）。

下面图比起上面图的变化，从左至右，为：安全帽多了个帽舌；屋顶上的软糖从黄色变成了蓝色；蓝图上面的烟囱形状变了；起重机的吊钩换了方向；糖果棒上面的条纹变换了方向；起重机轮子中心变大了；起重机顶灯不见了。

038 特技演员

问题的答案是：

IN THE CAST（进入剧组了）。

下面图比起上面图的变化，从左至右，为：海报里的鞋不见了；衬衫领子变了；特技演员的照片反了；大水罐里的水变多了；男人变光头了；头盔上的条纹颜色变了；保险丝变短了。

039 宇航员

问题的答案是：FIRED UP（被点燃了）。

下面图比起上面图的变化，从左至右，为：显示屏上的高个子没戴眼镜；手控操纵杆低一些；招手的手指分开了；头盔上多了条纹；地图里的月亮变成了土星；红灯变黄了；安全带上少了搭扣；宇航员衣服上的国旗换方向了；地球旋转了。

040 嘘……有人！

如图所示

7号情形是你在解这道题时看到的。

041找面具

那个生气的面具在第 2 行右边倒数第 2 个。

人的感知系统总是能够很容易察觉异常的事物，而完全不需要系统的查找。这个原理被利用于飞机、汽车等系统里，从而使它们的显示器能够随时随地地探测出任何异常的变化。

○ 求异思维

001 重拼正方形（1）

如图所示，5 个边长为 1 个单位的正方形可以拼入 1 个边长是 2.707 个单位的正方形内。

002 重拼正方形（2）

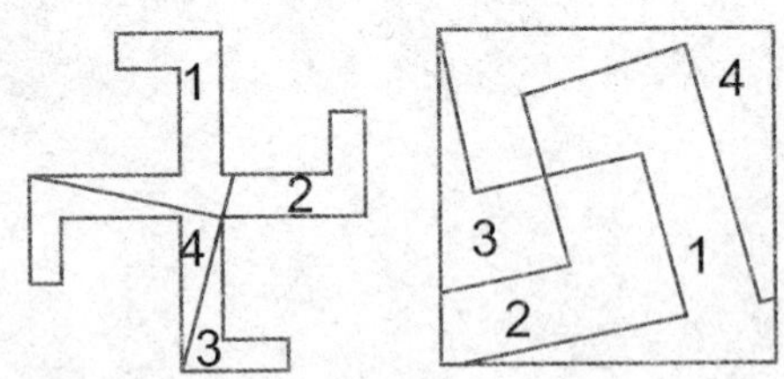

003 长方形拼正方形（1）

如果前10个正整数是5个可以被拼成1个正方形的长方形的元素，那么这个正方形的面积一定在110和190之间。正方形的边长应该是11，12或13。

因为长方形的10个元素完全不同，4个长方形一定包围着1个在中间的长方形。

对于边长为12没有解法。只存在4种解法：两种边长为11，两种边长为13。解法如下图所示。

这个问题首次由查尔斯·崔格在1969年的《娱乐数学》杂志中提出。

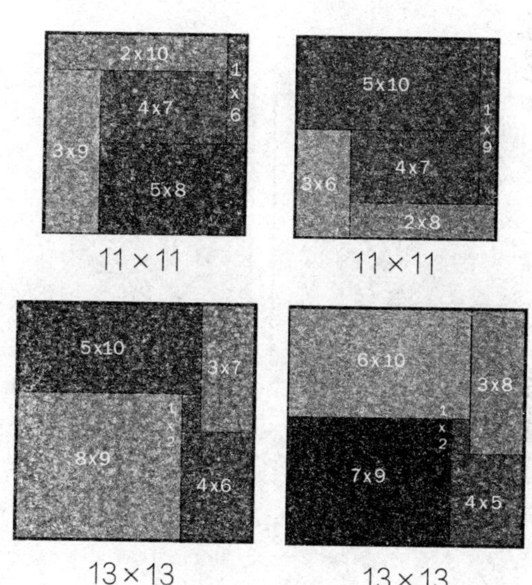

004 长方形拼正方形（2）

这 11 个长方形的总面积同 1 个 21×21 正方形的面积相等。这样 1 个正方形能包含这 11 个长方形吗？

最好的成绩是把除了 5×6 的长方形以外的所有长方形都拼起来。

21×21 正方形不能被这 11 个长方形完全覆盖。

可以装得下所有 11 个长方形的最小的正方形是 1 个 22×22 正方形。

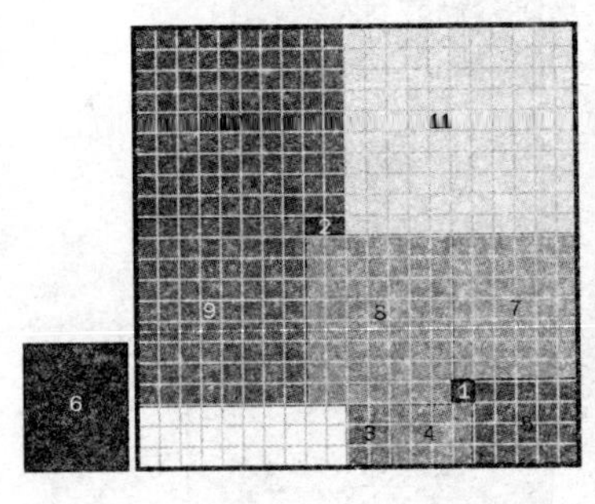

005 穿过雪花

如图所示

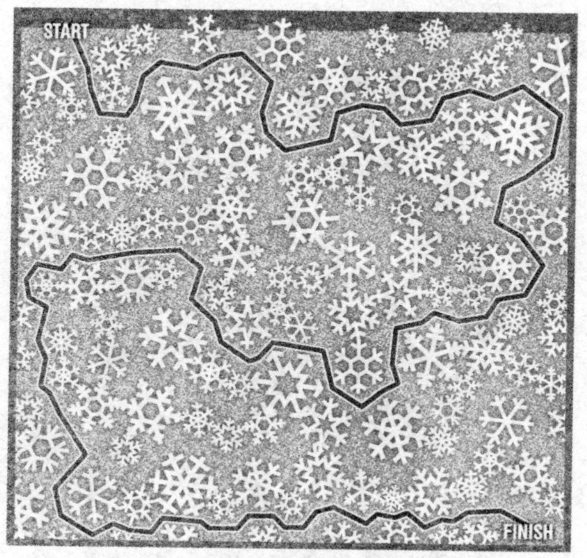

006 跟随岩浆

如图所示

007 跳蚤路线

如图所示

008 运动的药剂

如图所示

009 长跑

完成的路线拼出一个单词 GOLD（金牌）。

如图所示

010 临阵脱逃

如图所示

011 蛛丝马迹

如图所示

012 幸运之旅

如图所示

013 考古宝地

如图所示

014 蜜蜂路线

如图所示

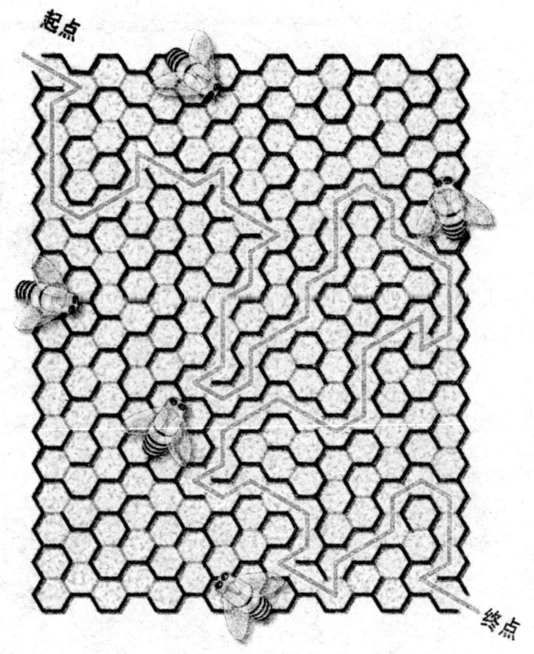

015 间隙航行

如图所示

016 相反的迷宫

如图所示

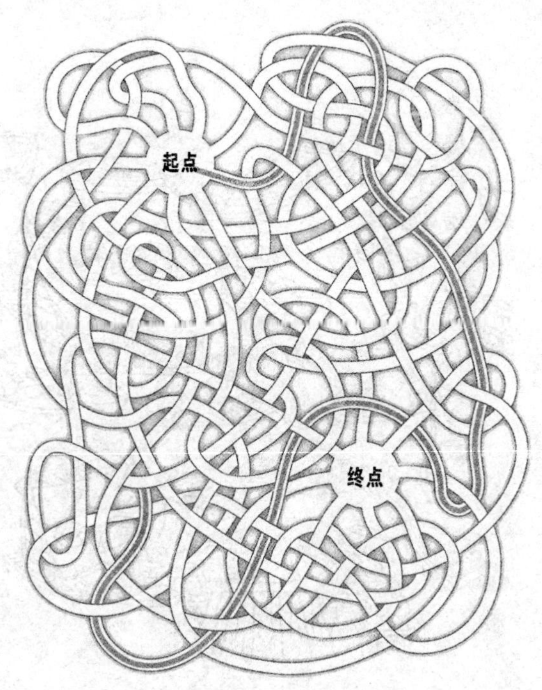

017 粉刷匠

1. BOOKCASE（书橱）
2. WASTEBASKET（废纸篓）
3. DESK（书桌）
4. OFFICE CHAIR（办公椅）
5. SPEAKERS[2]（两只音箱）
6. RUG（地毯）
7. FLOOR LAMP（落地灯）
8. WELCOME MAT（门口的擦鞋垫）
9. BED（床）
10. BARBELL（杠铃）
11. SUITCASE（小提箱）
12. DOOR（门）
13. IN--LINE SKATES（轮式溜冰鞋）
14. NIGHTSTAND（床头柜）
15. BIKE（自行车）
16. PAINT CAN（漆罐）

如图所示

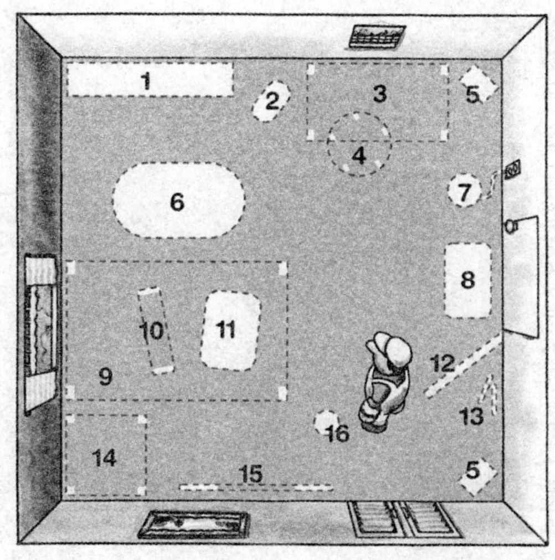

018 轮廓契合（1）

E

019 轮廓契合（2）

C

020 轮廓契合（3）

F

021 字母的逻辑

字母应该如下图分别放入 3 个圆圈中，其中与众不同的字母用红色标了出来。

该圆圈内的字母都不含曲线，且可以一笔写成	该圆圈内的字母都不是闭合的	该圆圈内的字母都是闭合的

○ 转换思维

001 光路

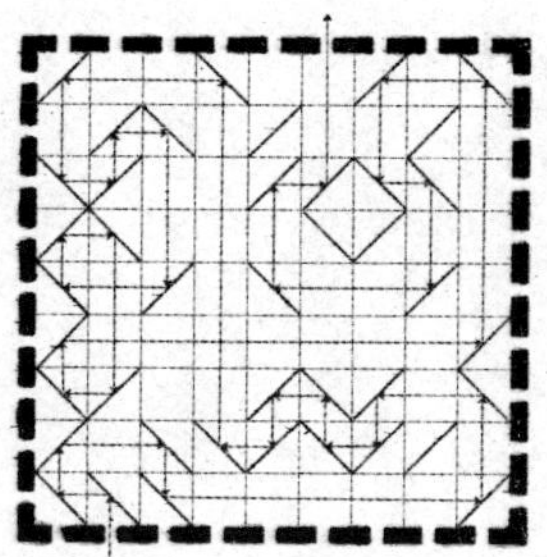

002 上色正方形

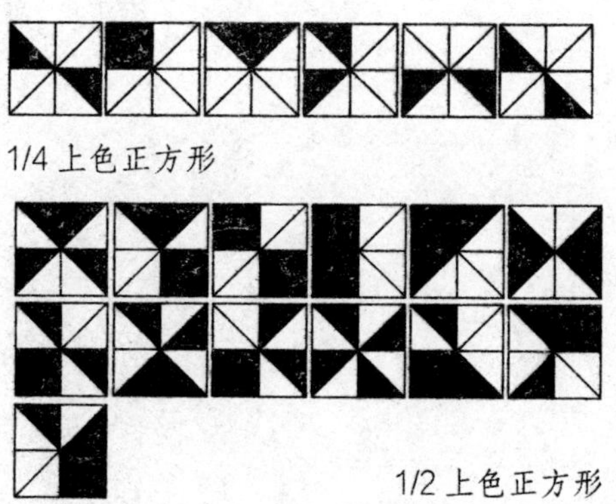

1/4 上色正方形

1/2 上色正方形

003 火柴游戏（1）

004 火柴游戏（2）

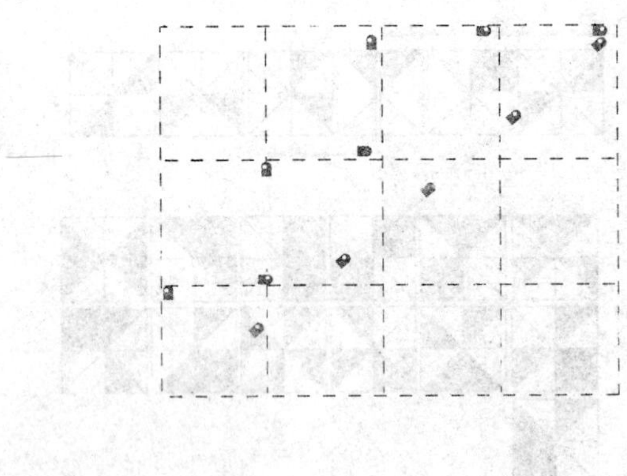

005 火柴游戏（3）

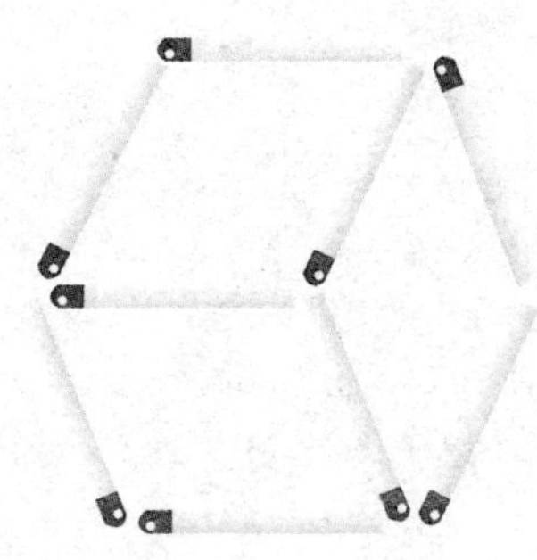

006 火柴游戏（4）

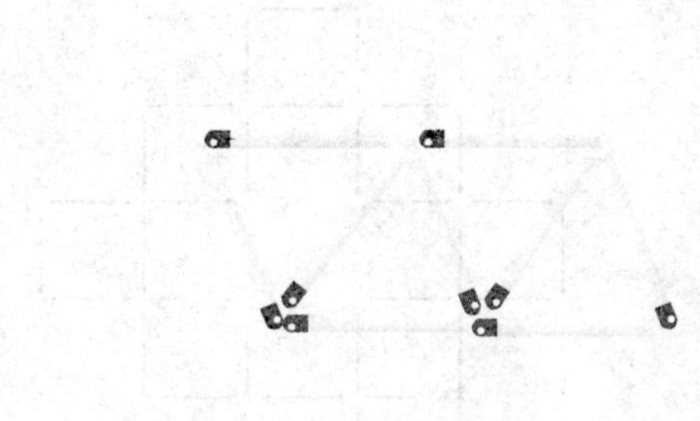

007 火柴游戏（5）

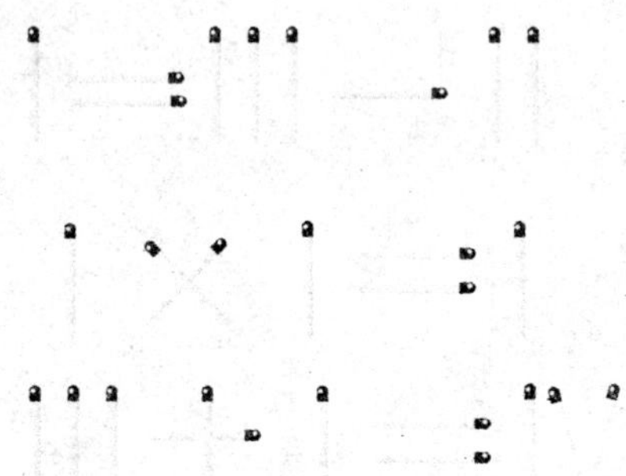

008 火柴游戏（6）

如图：

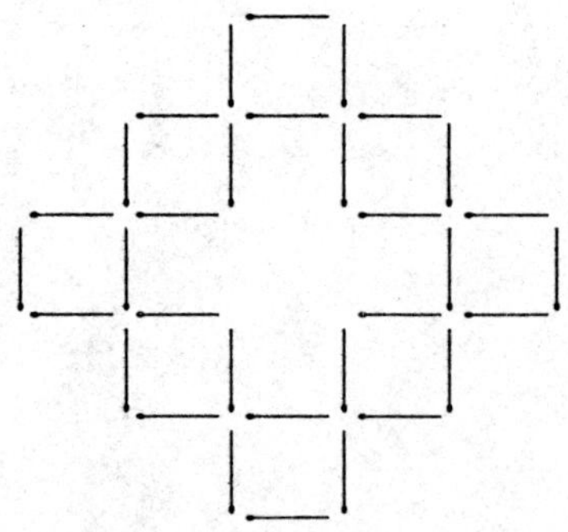

009 火柴游戏（7）

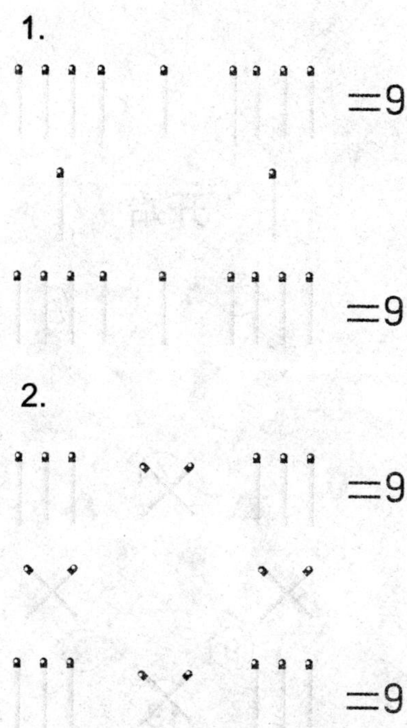

010 第12根木棍

8-10-7-3-2-11-5-4-13-1-6-9-12

011 八角形迷宫

18条路线。不过你无须一一描绘出每条路线。解决这道谜题最简单的方法，就是从起点处开始，然后确定出能够带你到达一处交叉点的路线的数目。到达每个连续交叉点的路线的数目等于与之“相连”的路线的数目的总和。

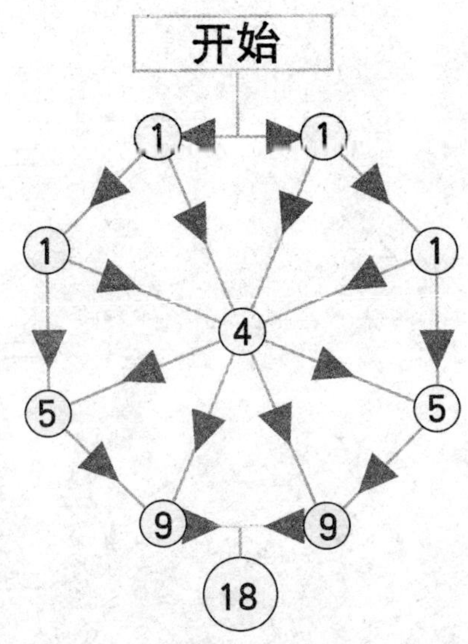

012 圆桌骑士

n个骑士的排列方式有：（n−1）×（n−2）种。

8个骑士即(8−1)×（8−2）= 21种。另外的20种排列方法如图所示。

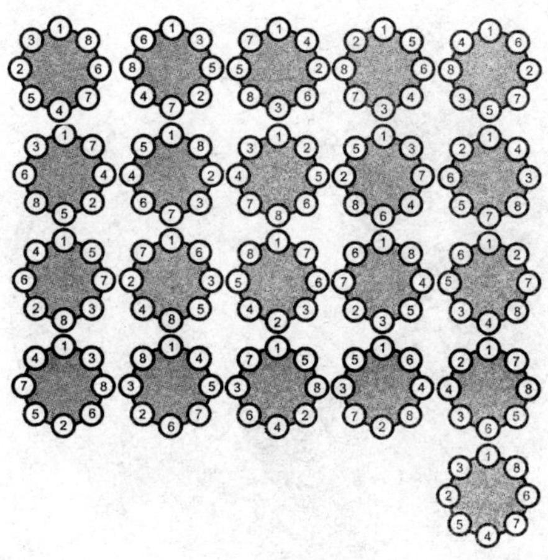

013 动物转盘

满足条件的排序一共有4种，下图是其中的1种。

014 分割牧场

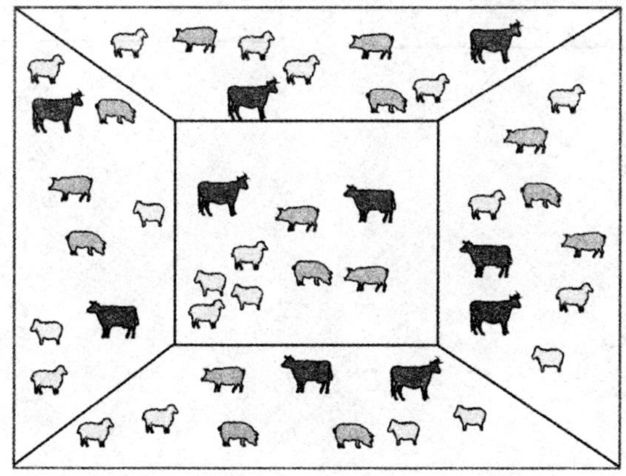

015 正方形游戏

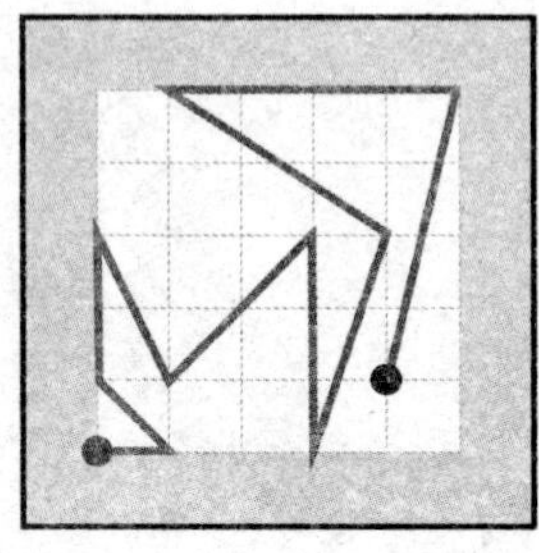

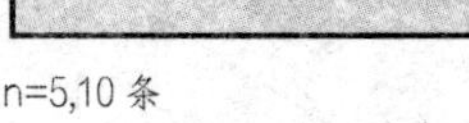

n=5,10 条

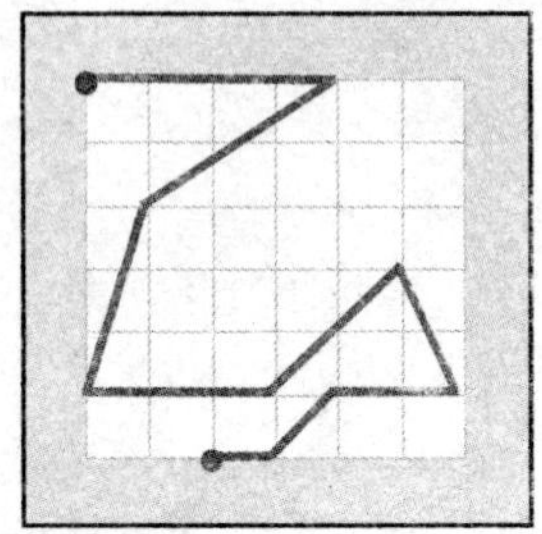

n=6,9 条

016 铅笔组图

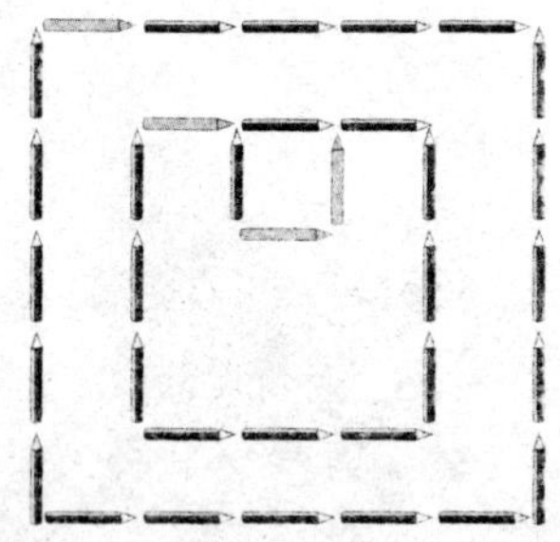

017 奇怪的电梯

可以走遍所有的楼层。最少的步骤是19步，顺序如下：

0-8-16-5-13-2-10-18-7-15-4-12-1-9-17-6-14-3-11-19（12“上”，7“下”）

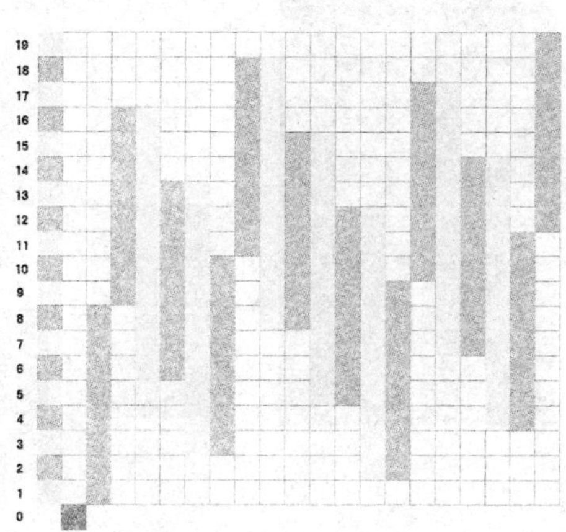

018 拼出五角星

019 分巧克力

如图所示切6次。

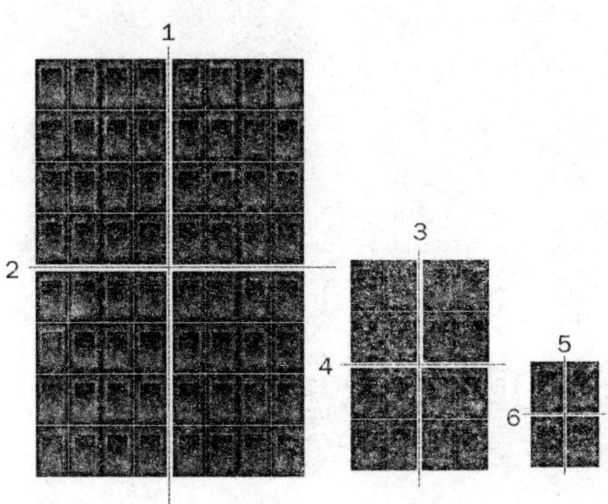

020 三角花园

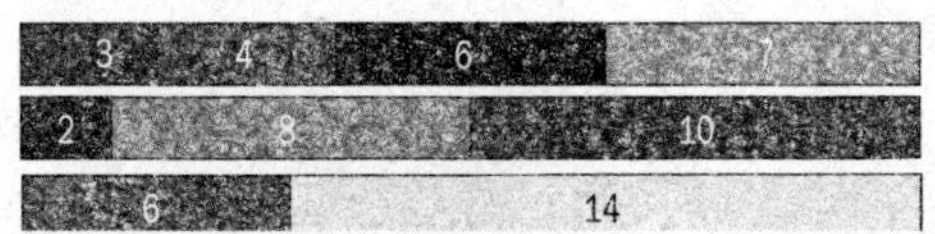

021 给重物分组

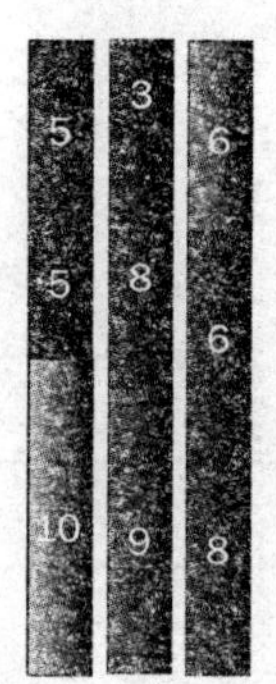

022 自己的空间

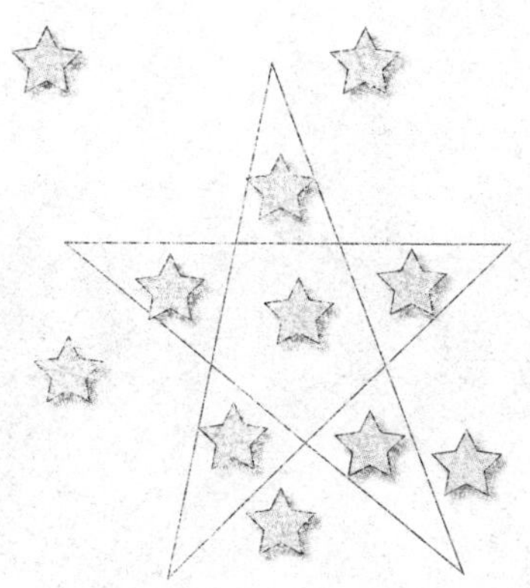

023 等分网格

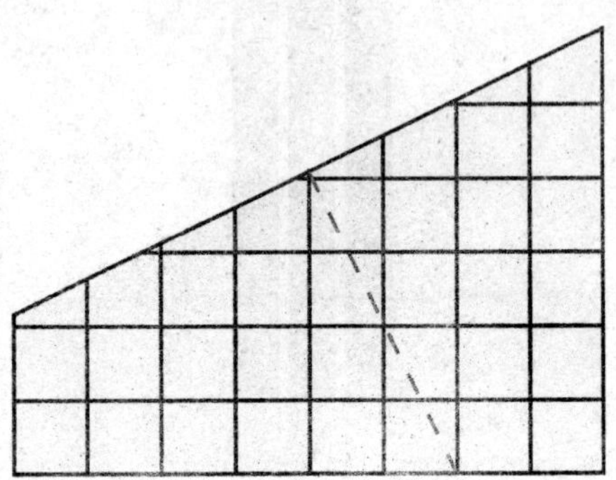

○ 逆向思维

001 西部牛仔

职员罗伊·斯通（线索 1）扮演的不是萨姆·库珀，因为是大卫·埃利斯扮演那个角色（线索 2），罗伊·斯通扮演的也不是坦克丝·斯图尔特，因为后者是由马克·普赖斯或奈杰尔·普赖斯（线索 5）所扮演，同时罗伊·斯通也不是会计师扮演的马特·伊斯伍德（线索 7），又因为州长代表布秋·韦恩是马克·普赖斯或推销员扮演的（线索 3 和 6），所以罗伊·斯通扮演的一定是得丝特·邦德，他的西部角色不是一个赌徒（线索 1），也不是州长代表或州长（线索 6），而扮演牧牛工的人是个代理商（线索 4），因此得丝特·邦德扮演的是美洲野牛猎人。我们知道会计师所扮演的角色马特·伊斯伍德不是州长代表，也不是牧牛工或美洲野牛猎人，线索 7 告诉我们他扮演的也不是州长，那么他一定是个赌徒。马克·普赖斯是州长或州长代表（线索 6），因此他不可能是会计师或财产代理商，我们知道他不是职员，也不是推销员（线索 6），那只能是税务检查员。由此可以得出，他所扮演的不是坦克丝·斯图尔特（线索 5），从同一个线索中，我们也可以知道扮演坦克丝·斯图尔特的就是奈杰尔·普赖斯。现在我们已经把 3 个西部角色的名字和他们扮演者的真名配对，并把另一位扮演者和他的真实职业配对，故税务检查员马克·普赖斯所扮演的就是州长代表布秋·韦恩。剩下扮演马特·伊斯伍德的是约翰·基恩，而推销员所扮演的角色是州长，那么他不是扮演坦克丝·斯图尔特一角的奈杰尔·普赖斯，而是扮演萨姆·库珀的大卫·埃利斯，剩下的奈杰尔·普赖斯是财产代理商，他饰演的是名叫坦克丝·斯图尔特的牧牛工。

答案：

大卫·埃利斯，推销员，萨姆·库珀，州长。

约翰·基恩，会计师，马特·伊斯伍德，赌徒。

马克·普赖斯，税务检查员，布秋·韦恩，州长代表。

奈杰尔·普赖斯，代理商，坦克丝·斯图尔特，牧牛工。

罗伊·斯通，职员，得丝特·邦德，美洲野牛猎人。

002 夏日午后

因为麦克在机动船里（线索1），并且西蒙驾驶的“罗特丝”不是人工划行的（线索4），那么一定是小游艇，因此西蒙的女朋友是夏洛特（线索3）。由于和麦克一起在机动船上的女孩不是桑德拉（线索1），那么只能是露西，由此得出机动船的名字是“多尔芬”（线索2）。通过排除法，巴里和桑德拉是乘叫作“马吉小姐”的人工船出去的。

答案：

巴里，桑德拉，“马吉小姐”，人工船。

麦克，露西，“多尔芬”，机动船。

西蒙，夏洛特，“罗特丝”，小游艇。

003 拔河

已知铁匠在队伍最后（线索1），这样根据线索6得出，哈罗德·格雷特不在位置5或4号位置。雷金纳德在第2个位置（线索7），辛和吉在第1个位置（线索4），因此哈罗德·格雷特必定在第3个位置，而教区牧师在第4个位置（线索6）。我们现在已经把4个位置和对应的姓或职业配对，得出姓布尔的学校教师（线索2）就是第2个位置的雷金纳德。欧克曼不是最后一个位置上的铁匠（线索5），那么通过排除法，他是4号位置的教区牧师，剩下的铁匠的姓是比费。线索5告诉我们铁匠的名字是莱斯利。根据线索3，邮局局长就是第1个位置上的辛和吉，剩下第3个位置的哈罗德·格雷特是承办者。辛和吉不姓约翰（线索3），那他的姓一定是托马斯，剩下约翰是教区牧师欧克曼。

答案：

位置1，托马斯·辛和吉，邮局局长。

位置2，雷金纳德·布尔，学校教师。

位置3，哈罗德·格雷特，承办者。

位置4，约翰·欧克曼，教区牧师。

位置5，莱斯利·比费，铁匠。

004 候车队

已知到泰姬陵·马哈利餐馆接客的时间不是11:25（线索1），因此米克没有到那里或狐狸和猎犬饭店接客（线索2），也不在火车站，因为赖安在火车站接客（线索4），米克没去斯宾塞大街，11:20那个预约电话的接客地点又在斯宾塞大街（线索6），由此得出米克去了布赖恩特先生预约的黄金国俱乐部（线索 5）。接丹尼斯先生的时间不是 11:10 或 11:15(线索 1)。布赖恩特先生的预约时间是 11:25，他的司机是米克，丹尼斯先生没在 11:30 打电话（线索 1），那么他必定在 11:20 在斯宾塞大街需要一辆车。可以知道马特的预约时间是 11:15，而泰姬陵·马哈利餐馆的电话是 11:10（线索 1）。赖安在火车站接客，因此马特的 11:15 的电话来自狐狸和猎犬处，通过排除法，赖安一定在 11:30 接客。在 11:10 去泰姬陵·马哈利餐馆的司机不是卢（线索 3），而是卡尔，打电话的人是拉塞尔先生（线索 3）。通过排除法，卢是去斯宾塞大街的司机。最后，马特没有去接梅森（线索 2），得出是赖安接了梅森，剩下马特是那个在狐狸和猎犬处接兰勒先生的司机。

答案：

11:10，卡尔，泰姬陵·马哈利餐馆，拉塞尔。

11:15，马特，狐狸和猎犬饭店，兰勒。

11:20，卢，斯宾塞大街，丹尼斯。

11:25，米克，黄金国俱乐部，布赖恩特。

11:30，赖安，火车站，梅森。

005 历久弥香

因为 1997 年制造的蒲公英酒不是给诺曼的母亲（线索 6），也不是给他女儿（线索 1）或侄女，因为送给他侄女的酒是在 2000 年制造的。并且他阿姨喜欢那瓶大黄酒（线索 4），所以通过排除法，蒲公英酒给了他的妹妹格洛里亚（线索 5）。又由于 1999 年制造的酒是给卡拉的黑莓酒（线索 2）。诺曼的阿姨不是安娜贝尔（线索 4），而且我们知道卡拉和格洛里亚都没有得到大黄酒。米拉贝尔得到的是欧洲防风草酒（线索 1），所以通过排除法，大黄酒一定给了乔伊斯。这样得出大黄酒不是 1998 年而是在 2001 年制造的（线索 3）。这就说明那位得到产于 2000 年的酒的侄女不是米拉贝尔（线索 1），她得到的是在 1998 年制造的欧洲防风草酒。通过排除法，诺曼的侄女是安娜贝尔，她得到的是接骨木果酒。根据线索 1，可以知道诺曼的女儿是卡拉，她得到的酒产于 1999 年，最后得出米拉贝尔是他的母亲。

答案：

安娜贝尔，侄女，接骨木果酒，2000 年。

卡拉，女儿，黑莓酒，1999 年。

格洛里亚，妹妹，蒲公英酒，1997 年。

乔伊斯，阿姨，大黄酒，2001 年。

米拉贝尔，母亲，防风草酒，1998 年。

006 枪手作家

推理小说将在 2 月份出版（线索 2），恐怖小说是以布雷特·艾尔肯为笔名（线索 6），又由于那本科幻小说比以蒂龙·斯瓦名义出版的那本书晚出版（线索 3），所以 1 月份以尤恩·邓肯名义出版的那本书不是历史小说（线索 1），而是艺术小说《主要的终曲》（线索 6）。由于以吉尼·法伯名义出版的书在《白马》出版后一个月出版（线索 4），因此它不在 2 月或 4 月出版。由于《船长》在 4 月份出版（线索 2），所以以吉尼·法伯名义出版的书不是在 5 月出版，而是在 6 月。那么《白马》就在 5 月出版（线索 4）。《世代相传》以雷切尔·斯颇为笔名（线索 5），因此它不在 4 月或 5 月出版，而是 2 月份的推理小说。科幻小说不是以蒂龙·斯瓦为笔名（线索 3），那么就是吉尼·法伯的 6 月份作品，而蒂龙·斯瓦的书是历史小说，通过排除法，后者是 4 月份出版的《船长》，而 5 月出版的书《白马》是布雷特·艾尔肯的恐怖小说，剩下《太阳花》是以吉尼·法伯的名义在 6 月份出版的科幻小说。

答案：

1 月份，《主要的终曲》，尤恩·邓肯，艺术小说。

2 月份，《世代相传》，雷切尔·斯颇，推理小说。

4 月份，《船长》，蒂龙·斯瓦，历史小说。

5 月份，《白马》，布雷特·艾尔肯，恐怖小说。

6 月份，《太阳花》，吉尼·法伯，科幻小说。

007 退休的警察们

由于 1984 年退休的不是罗福特·肯特（线索 4）或驯狗员思考特·罗斯（线索 6），再根据线索 2 得到受溃疡病困扰的切克·贝克也不是在 1984 年退休。机修工在 1980 年退休（线索 7）。根据线索 1，其中一个人因为有心脏病而离开警察队，后来成为一名摄影师，麦克·诺曼在他退休后 4 年才离开，故他不是在 1984 年退休，由此可以得出乔·哈里斯在 1984 年退休。由于从屋顶跌落的人是在 1976 年退休（线索 5）。乔·哈里斯不是因车祸而退休（线索 3），我们知道他也没有溃疡（线索 2），而线索 1 又排除了他有心脏病，那么他一定是被刀刺伤。患有心脏病的人不是切克·贝克或乔·哈里斯，线索 1 排除了麦克·诺曼，而根据他后来的职业也可以排除思考特·罗斯，那只能是罗福特·肯特。根据线索 1 和 4，那个出租车司机是麦克·诺曼。我们现在已经知道其中三个人退休后的工作，切克·贝克不是酒馆老板（线索 2），因此他是 1980 年退休的机修工，酒馆老板是在 1984 年被刺伤而退休的乔·哈里斯（线索 2）。从屋顶跌落并在 1976 年退休的不是出租车司机麦克·诺曼（线索 5），故推断他是驯狗员思考特·罗斯，剩下麦克·诺曼是车祸的受害者，最后根据线索 1 知道他在 1972 年退休，而摄影师罗福特·肯特在 1968 年退休。

答案：

切克·贝克，溃疡，1980 年，机修工。

乔·哈里斯，被刀刺伤，1984 年，酒馆老板。

罗福特·肯特，心脏病，1968 年，摄影师。

麦克·诺曼，车祸，1972 年，出租车司机。

思考特·罗斯，从屋顶跌落，1976 年，驯狗员。

008 默默无闻的富翁

因为 300 万欧元是 3 月份的花费（线索 2），那么只出价 100 万欧元的罗马拍卖会不是在 1 月份或 3 月份（线索 3），而卡尼莱特的作品成功出价是 250 万欧元（线索 3），也排除了罗马拍卖会在 4 月份的可能。4 月份买的是格列柯的画（线索 5），线索 3 也说明罗马拍卖会不是在 5 月份，因此它一定在 2 月份，而卡尼莱特的作品是在 1 月份买到的（线索 3）。在罗马买的画不是马耐特的（线索 1），也不是卡尼莱特或格列柯的，而弗米亚的作品是在巴黎买到的（线索 6），因此在罗马买的画一定是毕加索的。我们已经知道了在 2 月份和 4 月份买的画，线索 1 排除了马德里的拍卖会在 1 月份、3 月份或 5 月份的可能，也不在 2 月份，那么一定在 4 月份，并且买的是格列柯的画。根据线索 1，马耐特的画在 5 月份得到，剩下弗米亚的画是用 300 万欧元在 3 月份买的。现在由线索 1 得出，格列柯的画花了 150 万欧元，马耐特的画花了 200 万欧元。根据线索 4，后者不是在阿姆斯特丹买的，而是在布鲁塞尔，剩下卡尼莱特的画是在阿姆斯特丹得到的。

答案：

1 月，卡尼莱特，阿姆斯特丹，250 万欧元。

2 月，毕加索，罗马，100 万欧元。

3 月，弗米亚，巴黎，300 万欧元。

4 月，格列柯，马德里，150 万欧元。

5月，马耐特，布鲁塞尔，200万欧元。

009 追溯祖先

农民不是在1638年（线索6）或1641年（线索5和6）移民，铁匠在1647年移民（线索2），那么他一定是在1644年离开英国，由此可以知道他就是亚伯·克莱门特（线索3）。根据线索6，木匠在1641年离开英国，通过排除法，来自诺福克并在1638年移民（线索5）的人是军人迈尔斯·罗维（线索4）。木匠不是泰门·沃丝皮（线索6），那他就是来自德文郡的杰贝兹·凯特力（线索1），排除法得出泰门·沃丝皮是1647年离开的铁匠，他不是来自柴郡（线索2），而是肯特。柴郡是农民亚伯·克莱门特的家乡。

答案：

亚伯·克莱门特，农民，柴郡，1644年。

杰贝兹·凯特力，木匠，德文郡，1641年。

迈尔斯·罗维，军人，诺福克，1638年。

泰门·沃丝皮，铁匠，肯特，1647年。

010 自力更生

“信天翁”由一家唱片公司赞助（线索3），托尔·努森的船由一家印刷公司赞助（线索1），乔·恩格的船“曼维瑞克Ⅱ”不是由电脑制造商赞助（线索4），所以一定是由银行赞助。“海盗船”不是由印刷公司赞助的托尔·努森的船（线索1），而是由电脑制造商赞助的，通过排除法，托尔·努森的船就是那艘名为“半月”的船。“海盗船”在6号靠岸（线索1），所以它不是3号靠岸的罗宾·福特的船（线索2），那它就是尼克·摩尔斯的。通过排除法，3号靠岸的罗宾·福特的船名为“信天翁”。然后根据线索3，由银行赞助的“曼维瑞克Ⅱ”在4号靠岸。最后通过排除法，托尔·努森的“半月”在5号靠岸。

答案：

“信天翁”，3号，罗宾·福特，唱片公司。

“半月”，5号，托尔·努森，印刷公司。

“曼维瑞克Ⅱ”，4号，乔·恩格，银行。

“海盗船”，6号，尼克·摩尔斯，电脑制造商。

011 机车发动机

一辆机车在1879年7月制造（线索3）。1月份制造的莫特·卡梅尔不是始于 1883 年（线索 4），也不是 1887 年，因为 1887 年发动机的制造月份比莫特·埃梢丝的制造月份大（线索 1），那么它一定始于 1891 年。现在根据线索 1，1887 年制造的发动机不在 4 月份制造，也不是在 7 月份，因此一定在 12 月份。通过排除法，1883 年的发动机在 4 月制造，而根据线索 5，1879 年的发动机在 NTM。莫特·埃梢丝在南萨克福马火车站（线索 1），因此它不 1879 年制造的，我们知道它也不是 1891 年或 1887 年的（线索 1），得出它一定始于 1883 年。我们现在知道丹弗地尔火车站的发动机不是在 1879 年或 1883 年制造，而且它比莫特·斯诺登峰晚 4 年制造（线索 2），莫特·埃梢丝在 1883 年制造，也不是始于 1887 年，因此它一定是在 1891 年完成的莫特·卡梅尔。根据线索 2，莫特·斯诺登峰在 1887 年制造。通过排除法，它在马球丝火车站，而 1879 年 7 月的发动机莫特·埃维瑞斯特在 NTM。

答案：

莫特·埃梢丝，1883 年 4 月，南萨克福马火车站。

莫特·卡梅尔，1891 年 1 月，丹弗地尔火车站。

莫特·埃维瑞斯特，1879 年 7 月，NTM。

莫特·斯诺登峰，1887 年 12 月，马球丝火车站。

012 庄严的参观

因为在星期四参观的儿童农场在两处住宅中一处内（线索 2），并且披肩是在有服装展的景点买的（线索 6），因此哈福特礼堂的景点一定是迷宫，我们在那里买了钢笔（线索 4）。星期一我们买了书签（线索 1），因此那天参观的一定不是举办了服装展或者是有迷宫的景点，也不是有微型铁路的景点（线索 1）。儿童农场是星期四参观的一部分，因此星期一参观的一定是古老汽车展。哈特庄园是在星期二参观的（线索 2）。那里的主要景点不是迷宫（线索 3），因此杯子不是在星期四买的（线索 3），也就不是在儿童农场买的，而是在有微型铁路的建筑里买的。我们现在知道那天不是星期一或星期二（线索 3），星期一的参观包括古老汽车展，杯子不可能在星期三买的。儿童农场是星期四的参观部分，那么得出杯子是在星期五买的。因此星期三我们在哈福特礼堂买钢笔并参观迷宫（线索 3），剩下星期二的参观地点是哈特庄园，我们在那里买了披肩并参观了服装展。通过排除法，我们在儿童农场买了盘子，那是一套住宅，但不是欧登拜住宅（线索 5），而是格兰德雷住宅。书签不是在保恩斯城堡里买的（线索 1），那么它是星期一参观欧登拜住宅的纪念品，剩下保恩斯城堡拥有微型铁路，我们在那里买了杯子留作纪念。

答案：

星期一，欧登拜住宅，书签，古老汽车展。

星期二，哈特庄园，披肩，服装展。

星期三，哈福特礼堂，钢笔，迷宫。

星期四，格兰德雷住宅，盘子，儿童农场。

星期五，保恩斯城堡，杯子，微型铁路。

013 得克萨斯州突击队

多比来自拉雷多（线索 4），马修斯不是来自圣地亚哥（线索 2）或福特·沃氏（线索 3），并且他的缺点是玩女人（线索 3），也不是不留活口的那名突击队员（线索 5），因此他一定来自艾尔·帕索，并且他的名字是皮特（线索 6）。来自圣地亚哥的人不姓多比（线索 4），那么就姓海德。我们知道他不是喜欢玩女人的人，不是酒鬼或不能引进囚犯的那个人，也不是通缉犯（线索 1），因此他一定是个赌徒。特迪·舒尔茨不是赌徒或通缉犯（线索 1），所以他是那个击毙囚犯的人，并且来自休斯敦。通过排除法，弗累斯来自福特·沃氏。乔希不是通缉犯（线索 6），而是赌徒海德。最后，由于奇克不姓弗累斯（线索 4），而是来自拉雷多的多比，所以排除法得出，他就是那个通缉犯。剩下酒鬼埃尔默是来自福特·沃氏的弗累斯。

答案：

奇克·多比，拉雷多，通缉犯。

埃尔默·弗累斯，福特·沃氏，酒鬼。

乔希·海德，圣地亚哥，赌徒。

皮特·马修斯，艾尔·帕索，玩女人。

特迪·舒尔茨，休斯敦，击毙囚犯。

014 一夜暴富

菲利普·兰德得到了 80 万英镑（线索 6），发现一幅旧油画的人得到 70 万英镑（线索 2）。根据线索 1，里约热内卢的银行抢劫犯得到的钱不是 60 万英镑、70 万英镑或 90 万英镑；在新奥尔良的人得到了 50 万英镑（线索 5），因此抢劫银行的人得到了 80 万英镑，并且他是菲利普·兰德。叔叔的继承人伊恩·戈尔登得到了 90 万英镑。卖自己公司的人得到的不是 50 万英镑（线索 3），因此通过排除法，他得到了 60 万英镑，得到 50 万英镑并住在新奥尔良的那个人中了彩票。线索 3 得出，他是肖恩·坦纳。发现油画的人不是莱昂内尔·马克（线索 2），所以他一定是住在塞舌尔的艾德里安·巴克（线索 4）。现在通过排除法，卖公司的那个人是莱昂内尔·马克，而他家不在百慕大群岛（线索 2），而在帕果—帕果，伊恩·戈尔登住在百慕大群岛。

答案：

艾德里安·巴克，塞舌尔，发现油画，70 万英镑。

伊恩·戈尔登，百慕大群岛，继承叔叔，90 万英镑。

莱昂内尔·马克，帕果－帕果，卖公司，60 万英镑。

菲利普·兰德，里约热内卢，抢劫银行，80 万英镑。

肖恩·坦纳，新奥尔良，中彩票，50 万英镑。

015 在购物中心工作

由于赫尔拜店是家化学药品店（线索 4），面包店不是罗帕店（线索 1），因此一定是万斯店，而罗帕店是家零售店。这家店没有雇佣卡罗尔·戴（线索 3）或艾玛·发，因为后者在面包店工作（线索 2），所以他们雇佣的是安·贝尔，而卡罗尔·戴在赫尔拜化学药品店工作，但她的工作不是 9 月份开始的（线索 4），艾玛·发也不是在 9 月份开始工作（线索 1），因此 9 月份开始工作的一定是安·贝尔。艾玛·发开始工作的时间不是 8 月份（线索 2），而是 7 月份，而卡罗尔·戴开始工作的时间是 8 月份。

答案：

安·贝尔，罗帕店，零售店，9 月份。

卡罗尔·戴，赫尔拜店，化学药品店，8 月份。

艾玛·发，万斯店，面包店，7 月份。

016 送午餐

由于会计部职员订了火腿三明治（线索 3），人事部职员要了油炸圈饼（线索 5），而奶酪三明治和胡萝卜蛋糕不是由接待处和销售处的人订购的（线索 1），因此一定是由行政部职员订的，但不是玛丽亚（线索 2）和在接待处工作的洁尼（线索 1），不是订巧克力甜饼的艾莉森（线索 4），也不是订金枪鱼三明治的科林（线索 6），而是加里。接待处的洁尼没有要鸡蛋三明治（线索 1），那么她一定选择了鸡肉三明治，但没有要胡萝卜蛋糕、甜饼或油炸圈饼。要鸡肉三明治的人没有同时要橘子汁（线索2），因此洁尼另外要的是油炸马铃薯片。玛丽亚没有订购橘子汁（线索2），由此得出她是订购油炸圈饼的人事部职员。通过排除法，科林要了金枪鱼三明治和橘子汁，他不在会计部工作，因为会计部职员订了火腿三明治，所以他一定在销售部。现在我们可以知道艾莉森是会计部职员，她将享受她的火腿三明治和甜饼，而人事部的玛丽亚订购了鸡蛋三明治还有油炸圈饼。

答案：

艾莉森，会计部，火腿三明治，巧克力甜饼。

科林，销售部，金枪鱼三明治，橘子汁。

加里，行政部，奶酪三明治，胡萝卜蛋糕。

洁尼，接待处，鸡肉三明治，油炸马铃薯片。

玛丽亚，人事部，鸡蛋三明治，油炸圈饼。

017 赫尔墨斯计划

乃尔特中尉将指挥赫尔墨斯3号（线索5），去奎特麦斯，由托勒尔少校指挥的那一队不是赫尔墨斯4号或5号（线索1），而赫尔墨斯1号是要停靠在盖洛克角的（线索2），所以托勒尔少校指挥的飞船是赫尔墨斯2号。结合线索1得出，雷·塞奇上校是赫尔墨斯4号的飞行员。李少校和罗斯科少校不可能是赫尔墨斯1号的成员（线索4），他们其中一个人或两个人的名字排除了是赫尔墨斯2号、3号或4号的可能性，所以他们所乘飞行器是赫尔墨斯5号。因此，普拉德上校可能是赫尔墨斯1号或4号的指挥官。赫尔墨斯2号是要停靠在奎特麦斯环形山旁的，因此线索3排除赫尔墨斯1号是普拉德上校的船的可能性，他指挥的是赫尔墨斯4号。再根据线索3，马文山一定是赫尔墨斯5号的降落地点。综上所述，赫尔墨斯1号的指挥官是高夫中校（线索6），赫尔墨斯3号的飞行员不是尼古奇上校（线索5），所以一定是亚当斯少校。而尼古奇上校是托勒尔少校在赫尔墨斯2号的飞行员。现在根据线索6，约翰卡特环形山旁不是赫尔墨斯3号的停靠点，那是赫尔墨斯4号的，赫尔墨斯3号将停靠在埃特莱茨山附近。

答案：

赫尔墨斯1号，高夫中校，卡斯特罗上校，盖洛克角。

赫尔墨斯2号，托勒尔少校，尼古奇上校，奎特麦斯。

赫尔墨斯3号，乃尔特中尉，亚当斯少校，埃特莱茨山。

赫尔墨斯 4 号，普拉德上校，雷·塞奇上校，约翰卡特。

赫尔墨斯 5 号，李少校，罗斯科少校，马文山。

018 美丽的卖花姑娘

在卡文特花园街卖的薰衣草价格是 2 美分或 4 美分（线索 1），但石南花的价格是 2 美分（线索 5），因此薰衣草的价格是 4 美分。得出莎拉卖的是石南花（线索 1），又因为她要价 2 美分，所以梅在斯杰德大道卖花的价格是 1 美分（线索 1），但不是石南花、薰衣草或玫瑰（线索 3），也不是汉纳卖的紫罗兰（线索 4），因此梅卖的一定是伦敦国花。玫瑰的价格比紫罗兰的价格贵（线索 3），得出前者的价格是 5 美分，后者是 3 美分。卡文特花园街的卖花姑娘不是奎尼（线索 2），而是内尔，排除法得出卖玫瑰的是奎尼。在皮科第立大街的卖花姑娘卖的不是石南花或玫瑰（线索 5），因此得出汉纳在那里卖紫罗兰。在黑玛科特大街卖的花比在牛津街卖的花贵（线索 6），可以得出前者是 5 美分的玫瑰，后者是 2 美分的石南花。

答案：

汉纳，皮科第立大街，紫罗兰，3 美分。

梅，斯杰德大道，伦敦国花，1 美分。

内尔，卡文特花园街，薰衣草，4 美分。

奎尼，黑玛科特大街，玫瑰，5 美分。

莎拉，牛津街，石南花，2 美分。

019 录像带

由于马伦在星期一借的录像带（线索 4）不是辛尼塔选择的《波力沃德浪漫史》（线索 1），也不是动作片（线索 2）或电视喜剧系列（线索 5），而音乐电影在星期三被借走（线索 3），因此马伦借的是西方经典剧。因为星期五的顾客不是辛尼塔（线索 1）、安布罗斯·耶茨（线索 2），也不是海伦（线索 5），所以我们已经知道不是马伦，因此只能是盖尔。马伦是星期一的顾客，线索 5 排除了电视喜剧系列在星期二被借走的可能，而线索 2 说明星期二被借走的不是动作片，排除法得出一定是辛尼塔借的《波力沃德浪漫史》。这样根据线索 1，福特在星期三借了音乐电影。我们已经把 4 个时间和各自的顾客配对，可以得出安布罗斯·耶茨在星期四去了录像馆。这样根据线索 2，动作片被盖尔在星期五借走。现在排除法可以得出，福特的名字是海伦，安布罗斯·耶茨借了电视喜剧系列。因为耶茨是星期四的顾客，线索 6 排除了卡彭特在星期一和星期五去录像馆的可能，所以它是星期二的顾客辛尼塔的姓，根据线索 6，马伦姓狄克逊，盖尔的姓是埃杰特恩。

答案：

星期一，马伦・狄克逊，西方经典剧。

星期二，辛尼塔・卡彭特，《波力沃德浪漫史》。

星期三，海伦・福特，音乐电影。

星期四，安布罗斯・耶茨，电视喜剧系列。

星期五，盖尔・埃杰特恩，动作片。

020在沙坑里

詹妮的孩子在 3 号位置上（线索 3）。4 号位置上的卡纳（线索 2）不是 D 位置上的雷切尔的儿子（线索 4 和 5），丹尼尔是莎拉的儿子（线索 4），这样通过排除法，卡纳的母亲是汉纳。然后根据线索 1，爱德华是詹妮的孩子，他在 3 号位置，雷切尔的儿子是马库斯。我们知道汉纳不在 D 位置上，也不在 C 位置（线索 1）或 B 位置（线索 2），因此她一定在 A 位置。詹妮不在 C 位置（线索 5），而是在 B 位置，剩下 C 位置上的是莎拉。丹尼尔不在 2 号位置（线索 4），那他一定在 1 号，剩下马库斯在 2 号位置，这由线索 4 证实。

答案：

A 位置，汉纳；4 位置，卡纳。

B 位置，詹妮；3 位置，爱德华。

C 位置，莎拉；1 位置，丹尼尔。

D 位置，雷切尔；2 位置，马库斯。

021 神像

由于 D 面上的神像拥有水蟒的面孔（线索 3），这样根据线索 2，战神爱克斯卡克斯特不在 B 面；而 B 面神像不是爱神（线索 4），A 面代表了气候神（线索 4），因此 B 面上的是事业神。可以得出 C 面神像以蝙蝠为面孔（线索 5）。事业神的名字不是埃克斯特里卡特尔（线索 5），也不是爱克斯卡克斯特或奥克特拉克斯特（线索 4），因此他一定是乌卡特克斯赖特，而 B 面神像的面孔是水怪（线索 1）。通过排除法，A 面神像拥有美洲虎的面孔，这样根据线索 3，战神爱克斯卡克斯特一定在 C 面上，剩下以水蟒为面孔的神像在 D 面，并且他是爱神。奥克特拉克斯特不在 A 面（线索 4），那只能在 D 面，剩下 A 面神像是埃克斯特里卡特尔。

答案：

A 面，美洲虎，埃克斯特里卡特尔，气候。

B 面，水怪，乌卡特克斯赖特，事业。

C 面，蝙蝠，爱克斯卡克斯特，战争。

D 面，水蟒，奥克特拉克斯特，爱情。

022 加薪要求

思德·塔克坐在 C 位置（线索 1），BBMU 的人坐在 D 位置（线索 4），所以来自 UMBM，不是坐在 B 位置的雷·肖（线索 5），一定是在 A 位置。现在根据线索 2，代表 ABM 的 6 位成员的那个人不可能是坐在 A 或 C 位置，也排除了坐在 D 位置的可能，所以他是坐在 B 位置；同样根据线索 2，阿尔夫·巴特一定是在 D 位置。综上，吉姆·诺克斯坐在 B 位置，思德·塔克代表 BBT 坐在 C 位置。所以 BBT 代表的不是 7 位成员（线索 3），也不是 4 位（线索 1），我们知道是吉姆·诺克斯代表有 6 位成员的 ABM，所以 BBT 有 3 位成员。UMBM 的雷·肖代表的人数比 ABM 的吉姆·诺克斯代表的少（线索 5），所以 UMBM 一定有 4 位成员，而 BBMU 的阿尔夫·巴特代表的是 7 位成员。

答案：

位置 A，雷·肖，UMBM，4

位置 B，吉姆·诺克斯，ABM，6

位置 C，思德·塔克，BBT，3

位置 D，阿尔夫·巴特，BBMU，7

023 国家公园

覆盖面积为 1049 平方千米的公园不是布雷克比肯斯（线索 4），不是埃克斯穆尔（线索 1），也不是占地 1436 平方千米的面积最大的约克北部的沼泽地（线索 6），或者是覆盖面积小于 1000 平方千米的达特姆尔（线索 2），所以，它是诺森伯兰，建于 1956 年（线索 5），它的最高点海拔不是 621 米（线索 4）、885 米（线索 5），也不是 519 米——那是覆盖面积是 693 平方千米的公园最高点的海拔（线索 3），或者 432 米——那是建于 1952 的公园的最高点的海拔（同样是线索 3），所以诺森伯兰国家公园最高点的海拔是 816 米。占地 1351 平方千米的公园不是在1952年或1954年建立的，也不是1956年——那年建成的是占地1049平方千米的公园，或者1951年——那年建成的是占地954平方千米的公园（线索1），所以，是在1957年。693平方千米的公园制高点是海拔519米，于1952年建成最高点海拔为432米的就是那个占地1436平方千米约克北部的沼泽地。综上可得，693平方千米的国家公园是成立于1954年的那个。它不是达特姆尔（线索2），所以，达特姆尔占地面积954平方千米，成立于1951年。布雷克比肯斯国家公园不是建成于1954年（线索4），所以它一定是成立于1957年的占地1351平方千米的公园，它最高点不是621米，而是885米。最后，成立于1954年的国家公园一定是埃克斯穆尔，而达特姆尔的占地面积是954平方千米，最高点达621米。

答案：

布雷克比肯斯，1957年，1351平方千米，885米。

达特姆尔，1951年，954平方千米，621米。

埃克斯穆尔，1954年，693平方千米，519米。

诺森伯兰，1956年，1049平方千米，816米。

约克北部的沼泽地，1952年，1436平方千米，432米。

024 侦探小说

与尼克·路拜尔相关的侦探小说有18本（线索7），标枪出版社出版了16本书（线索5），乔奇·弗赛斯写了10本书（线索1），由线索3得出，地球出版社出版的有关埃德加·斯多瑞的系列小说不可能是10或12本，所以是14本，有关埃德加·斯多瑞的写了12本（线索3）。现在我们已知两个著者写的本数和两家出版社出版的本数。由上得出，亚当·贝特雷写的由王冠出版社出版的（线索4）是18本系列的小说，主人公是尼克·路拜尔。而根据线索2，帕特里克·纳尔逊写的不是16本，所以是14本。余下史蒂夫·梭罗本是16本系列侦探小说的作者。由线索6得出，红隼出版社出版本数不是10本，所以应是理查德·奎艾内写的12本。而那10本是由毕尔格出版社出版的，所以主人公一定是乔布林博士（线索6）。根据线索2，有关旧金山的不是蒂特蒙中尉的侦探一定是史蒂夫·梭罗本的16本小说的主人公。所以，史蒂夫·梭罗本塑造的侦探必定是克罗维尔检查员。而蒂特蒙中尉则是红隼出版社出版的理查德·奎艾内写的12本书的主人公。

答案：

亚当·贝特雷，尼克·路拜尔，18 本书，王冠出版社。

乔奇·弗赛斯，乔布林博士，10 本书，毕尔格出版社。

帕特里克·纳尔逊，埃德加·斯多瑞，14 本书，地球出版社。

理查德·奎艾内，蒂特蒙中尉，12 本书，红隼出版社。

史蒂夫·梭罗本，克罗维尔检查员，16 本书，标枪出版社。

025 过街女士

栗子大街上的学校是根据圣人命名的（线索 6），但它不是圣·威妮弗蕾德小学，因为圣·威妮弗蕾德小学的马路不是用树来命名的（线索 1），所以栗子大街上的学校肯定是圣·彼得小学。卡尔女士在山楂树巷上协助孩子们过街（线索 6），大不列颠路小学位于同名的大街上（线索 2）。既然阿贝菲尔德小学的斯多普薇女士不是帮助学生经过风磨房大街（线索 2），那么她一定在希尔大街上手持车辆暂停指示牌协助孩子过街，而且她已经工作 5 年了（线索 4）。圣·威妮弗蕾德小学不在山楂树巷上（线索 1），所以它必然在风磨房大街上，剩下卡尔女士协助西公园学校的小学生们经过山楂树巷，她已经工作 3 年了（线索 4）。科洛斯薇尔女士已经工作 2 年了，她不在栗子大街或者风磨房大街上工作（线索 3），所以她必然在大不列颠马路上工作。圣·威妮弗蕾德小学的“过街女士”做这份工作不是 4 年（线索 1），所以必然是 6 年。栗子大街的圣·彼得小学的过街女士工作已经 4 年。在圣·威妮弗蕾德小学工作 6 年的“过街女士”不是夏普德女士（线索 5），所以，她必然是虹尔特女士，剩下圣·彼得小学的过街女士是夏普德女士。

答案：

阿贝菲尔德小学，斯多普薇女士，希尔大街，5 年。

大不列颠路小学，科洛斯薇尔女士，大不列颠马路，2 年。

圣·彼得小学，夏普德女士，栗子大街，4 年。

圣·威妮弗蕾德小学，虹尔特女士，风磨房大街，6 年。

西公园小学，卡尔女士，山楂树巷，3 年。

○ 迂回思维

001 谁扮演“安妮”

第 2 个预演的是家庭主妇（线索 3）。因被描述成“错误形象”而淘汰的女士是第 1 个预演的，她不是清洁工（线索 4），也不是图书管理员，图书管理员因太高而不符合要求（线索 1），因此她只能是服装店的助手基蒂·凯特（线索 6）。第 2 个预演的家庭主妇不是蒂娜·贝茨（线索 3），也非科拉·珈姆，因为她是第 4 个预演的（线索 5），那么她只可能是艾达·达可，她不是因为太成熟而被淘汰的（线索 2），通过排除法，她只能是怀孕了，太成熟的只能是清洁工。现在，从线索中知道图书管理员是第 3 个预演的，所以她不是科拉·珈姆，只能是蒂娜·贝茨，剩下第 4 个预演的肯定是科拉·珈姆，太成熟的清洁工。

答案：

第 1 个，基蒂·凯特，服装店助手，错误形象。

第 2 个，艾达·达可，家庭主妇，怀孕。

第 3 个，蒂娜·贝茨，图书管理员，太高。

第 4 个，科拉·珈姆，清洁工，太成熟。

002 足球评论员

杰克爵士跟随北爱尔兰的球队（线索 1），佩里·奎恩将去俄罗斯（线索 5），和英格兰队和挪威有关的评论员不是阿里·贝尔（线索 3），只能是多·恩蒙。前守门员在威尔士队（线索 4），他不去比利时，因为曾经的经营者将去比利时，前守门员也不去俄罗斯（线索 5），因此他只能去匈牙利，通过排除法，他是阿里·贝尔，而佩里·奎恩和苏格兰队有关。现在我们知道了 3 位评议员的目的地，因此去比利时的前经营者必定是杰克爵士，他跟随北爱尔兰队。最后，从线索 4 中知道，前记者不是和苏格兰队一起的佩里·奎恩，他只能是多·恩蒙，和英格兰队和挪威有关，而佩里·奎恩和苏格兰队及俄罗斯有联系，他一定是前足球先锋。

答案：

阿里·贝尔，前守门员，威尔士队，匈牙利。

多·恩蒙，前足球记者，英格兰队，挪威。

杰克爵士，前经营者，北爱尔兰队，比利时。

佩里·奎恩，前足球先锋，苏格兰队，俄罗斯。

003 思道布的警报

纺织品商店在国王街（线索1），水灾发生在格林街（线索3），判断出发生车祸的书店不可能在牛顿街（线索5），则只能在萨克福路。鞋店不在格林街（线索3），因此只能是牛顿街上的帕夫特（线索5），而格林街被洪水淹没的商店一定是卖五金用品的，这家店不是格雷格（线索4），也不是巴克商店，巴克商店发生的是错误警报（线索2），因此，它只能是林可商店。我们知道萨克福路上的书店的警报不是假的，那么它不可能是巴克（线索2），只能是格雷格，巴克必定是国王街的纺织品商店（线索1）。通过排除法，牛顿街上的帕夫特鞋店发生了火灾。

答案：

巴克，纺织品店，国王街，错误警报。

格雷格，书店，萨克福路，车祸。

林可，五金商店，格林街，水灾。

帕夫特，鞋店，牛顿街，火灾。

004 农民的商店

霍尔商店卖鸵鸟肉（线索5），老橡树商店出售卷心菜（线索6），而卖火鸡和椰菜的商店不是希勒尔也非布鲁克商店（线索2），那么它只能是冷杉商店。在冷杉商店工作的不是康妮（线索3），也不是希勒尔商店的理查德（线索1），也非卖豆角的珍（线索4）和卖牛肉的基思（线索4），所以只能是吉尔。我们知道理查德的商店不卖火鸡和牛肉，也不卖鸵鸟肉。希勒尔商店不卖猪肉（线索1），因此理查德一定在卖羊肉的商店。羊肉和土豆不在同一个地方出售（线索3），那么理查德和希勒尔商店肯定出售甜玉米。康妮不卖土豆（线索3），所以她必定在老橡树商店卖卷心菜。通过排除法，土豆在基思的商店、且和牛肉一起出售，而基思一定在布鲁克商店。另外，在霍尔商店工作的只能是珍，卖豆角和鸵鸟肉，而康妮在老橡树商店工作，卖猪肉和卷心菜。

答案：

康妮，老橡树商店，猪肉和卷心菜。

珍，霍尔商店，鸵鸟肉和豆角。

吉尔，冷杉商店，火鸡和椰菜。

基思，布鲁克商店，牛肉和土豆。

理查德，希勒尔商店，羊肉和甜玉米。

005 马蹄匠的工作

布莱克预计在11:00到达骑术学校（线索6），9:00的预约不在韦伯斯特农场（线索4），也不是给高下马群的赛马安装赛板（线索1），也非在石头桥农场（线索4），那一定是去看瓦特门的波比。10:00是去石头桥农场（线索4）。在中午要为一匹马安装运输蹄（线索3），所以下午2:00为高下马群的赛马安装赛板。通过排除法，12:00的工作只能是在韦伯斯特农场，而11:00在重装王子蹄钉（线索4）。乾坡不是他10:00的工作，也不是中午在韦伯斯特农场的工作（线索4），因此只能是给高下马群的赛马安装赛板。我们知道运输蹄不是给乾坡和本的，而它的名字要比需要被清理蹄钉的那匹马的名字长一些（线索3），所以安装运输蹄的那匹马肯定是佩加索斯。而本必定是石头桥农场的马，预约在10:00。本不是那匹要安装普通蹄的马（线索2），它需要清理蹄钉，剩下波比是需要安装普通蹄的马。

答案：

上午9:00，瓦特门，波比，安装普通蹄。

上午10:00，石头桥农场，本，清理蹄钉。

上午11:00，骑术学校，王子，重装蹄钉。

中午12:00，韦伯斯特农场，佩加索斯，安装运输蹄。

下午2:00，高下马群，乾坡，安装赛板。

006 成名角色

尼尔·李出现在电视短剧中（线索2），在电视连续剧中扮演记者的人的姓含3或者4个字母（线索4），那她一定是蒂娜·罗丝，是《摩倩穆》中的主角（线索6）。而道恩·埃尔金饰演的是医学生（线索1），那么在《格里芬》里扮演年轻演员的（线索1）肯定是简·科拜。艾伦·邦庭饰演的不是一位老师（线索2），则肯定是法官，而尼尔·李扮演的是教师。艾伦·邦庭不演电影（线索2），也没有出现在电视连续剧中（线索3），因此他一定出现在舞台剧《丽夫日》中（线索5）。《罗米丽》中的演员的姓包含5个字母（线索4），则肯定是道恩·埃尔金。而尼尔·李一定饰演《克可曼》中的角色。最后，因为简·科拜不在电视连续剧中（线索3），那么《格里芬》一定是一部电影，通过排除法可以得出，出演电视戏剧《罗米丽》的肯定是道恩·埃尔金。

答案：

艾伦·邦庭，法官，《丽夫日》，舞台剧。

道恩·埃尔金，医学生，《罗米丽》，电视戏剧。

简·科拜，女演员，《格里芬》，电影。

尼尔·李，教师，《克可曼》，电视短剧。

蒂娜·罗丝，记者，《摩倩穆》，电视连续剧。

007 继承人

继承人吉可巴士（吉可）在家系中排行第2（线索6），从线索4中知道，住在利物浦的贝赛利不排第1，也非第5。在沃克叟工作的继承人排行第4（线索3），因此贝赛利肯定是第3，职业是出租车司机（线索5）。现在，从线索4中知道，做管道工作的西吉斯穆德斯一定排行第4，在沃克叟工作。而消防员住在施坦布尼（线索1），那么住在格拉斯哥的继承人不是盖博旅馆的主人（线索1），则一定是清洁工，而旅店主人必定住在坦布。因旅店主人排行不是第2和第5（线索2），那么肯定是第1。因此他不可能是帕曲西斯（线索7），只能是麦特斯，剩下帕曲西斯排行第5。现在从线索1中可以知道，他必定是施坦布尼的首席消防员，而格拉斯哥的清洁工是排行第2的吉可巴士。

答案：

第1，麦特斯，坦布，旅馆主人。

第2，吉可巴士，格拉斯哥，清洁工。

第3，贝赛利，利物浦，出租车司机。

第4，西吉斯穆德斯，沃克叟，管道工。

第5，帕曲西斯，施坦布尼，消防员。

008 新工作

从线索1中知道，爱德华不是刚来才1周的人，另外也告诉我们他也不是保险公司2周前新招聘的员工。第7层的新员工是3周前来的女孩（线索6），而德克是在4周前就职的（线索3），因此爱德华肯定是5周前来的新员工。信贷公司在第9层（线索4），爱德华不可能在3层和11层工作（线索1），我们知道女孩在7层工作，根据线索1和6可以推出保险公司2周前新聘的员工不在7层，从线索1中知道，爱德华不可能在第9层，也不可能在第5层，那么只能在第3层。线索1告诉我们伯纳黛特在邮政服务公司工作，而线索2排除了爱德华在假日公司的可能性，同时爱德华所在的楼层说明他也不可能在信贷公司和保险公司上班，那么他肯定在私人侦探所工作。淑娜不可能在第 3 层的保险公司上班（线索 5），德克也不可能，而伯纳黛特和爱德华的公司我们已经知道，因此在保险公司工作的只能是朱莉。伯纳黛特的邮政服务公司不在 11 层（线索 1），也不在第 3 层、第 5 和第 9 层，那么她肯定是在第 7 层的女孩，是 3 周前被招聘的。通过排除法，剩下 1 周前新来的只能是淑娜，从线索 1 中知道，她在 9 层的信贷公司上班。最后，剩下德克是假日公司的新员工，在大楼的 11 层工作。

答案：

伯纳黛特，邮政服务公司，7 层，3 周。

德克，假日公司，11 层，4 周。

爱德华，私人侦探所，5 层，5 周。

朱莉，保险公司，3 层，2 周。

淑娜，信贷公司，9 层，1 周。

009 兜风意外

蓄电池没电是下午 5:00 发现的（线索 6），不可能是吉恩的汽车出的事（线索 1），同时线索 1 也告诉我们伊夫林的车胎穿了孔。西里尔的不幸发生在下午 3:00（线索 4），而线索 3 排除了姆文在下午 5:00 出事的可能，通过排除法，只可能是格兰地的电池没电了。司机把车撞到门柱发生在星期五（线索 2），他不可能是伊夫林和吉恩（线索 1），我们知道他也不是格兰地和姆文，那么他肯定是西里尔。姆文不是因超速被抓住的（线索 3），因此通过排除法，他肯定是压到了栅栏，剩下超速的是吉恩。超速不是发生在下午 3:00 和下午 5:00，伊夫林发生不幸的最迟时间也只可能是下午 2:00，而线索 1 排除了这个可能性，她也不是在早上 10:00 出事的（线索 3），那么她必定是早上 11:00 出事的，从线索 3 中知道，姆文肯定是在早上 10:00 压倒了栅栏，剩下的只有伊夫林在下午 2:00 出事。线索 5 告诉我们格兰地在星期一蓄电池没电，而从线索 1 中知道，吉恩肯定是星期三出事的，则伊夫林必定是在星期四出的事。

答案：

西里尔，星期五，撞到门柱，下午 3:00。

伊夫林，星期四，车胎穿孔，下午 2:00。

格兰地，星期一，蓄电池没电，下午5:00。

吉恩，星期三，超速，上午11:00。

姆文，星期二，压倒栅栏，上午10:00。

010 单身男女

爱好园艺的人有着最迷人的眼睛（线索4），古典音乐的爱好者不以声音和真诚引人注目（线索1），也不因身高而吸引詹妮（线索1），那么他肯定是因幽默而吸引某位女士的人。马特是一个真诚的人（线索2），他不喜好园艺和古典音乐，也不爱好烹饪，烹饪是比尔的爱好（线索5），马特也不爱好老电影（线索2），因此他肯定和布伦达一样喜欢跳舞（线索6）。凯茜和休相处得不错（线索6），罗斯发现她并不渴望和克莱夫及彼特聊天（线索3），那么她的倾慕对象肯定是厨师比尔，他受到罗斯青睐的地方不是他的眼睛、幽默感、真诚和他的身高（身高是詹妮青睐的），那么只能是他的声音。通过排除法，詹妮高高的搭档则是老电影的爱好者。彼特不是非常幽默的古典音乐的爱好者，也不是园丁（线索3），他肯定是和詹妮共同爱好老电影的男人。古典音乐的爱好者不是克莱夫（线索1），那么只能是凯茜的新朋友休，最后通过排除法，克莱夫是用他的眼睛和对园艺的爱好吸引了凯丽。

答案：

布伦达和马特，线性舞，真诚。

凯茜和休，古典音乐，幽默感。

詹妮和彼特，老电影，身高。

凯丽和克莱夫，园艺，眼睛。

罗斯和比尔，烹饪，声音。

011 新英格兰贵族

马萨诸塞州的古德里不从事法律方面的工作（线索1），银行家住在新汉普郡（线索5），温士是建筑家的姓（线索3），那么古德里就是大学的助教，他姓杰斐逊（线索6）。现在再看线索4，本尼迪克特一定来自缅因州，建筑家温士一定是埃尔默（线索3）。亚历山大不从事法律方面的工作（线索1），那么他一定是来自新汉普郡的银行家。现在我们已经知道了3个人的职业和名字的搭配，而本尼迪克特不是法官（线索4），则肯定是警官，剩下马文是法官。马文不在康涅狄格州（线索2），那他一定来自佛蒙特州，而康涅狄格州则是埃尔默·温士的家乡。

从线索 2 中知道，皮格利不是警官，则一定同银行家亚历山大是一个人，最后剩下本尼迪克特，毫无疑问肯定是警官。

答案：

亚历山大·皮格利，新汉普郡，银行家。

本尼迪克特·斯泰丽思，缅因州，警官。

埃尔默·温士，康涅狄格州，建筑师。

杰斐逊·古德里，马萨诸塞州，大学助教。

马文·朴历夫，佛蒙特州，法官。

012 交叉目的

村庄 4 的名字为克兰菲尔德（线索 3），从线索 5 中知道，波利顿肯定是村庄 2，那么利恩村肯定是村庄 1，而剩下村庄 3 是耐特泊。村庄 3 的居民是出去遛狗的（线索 2），从线索 5 中知道，这个居民一定是丹尼斯。而婚礼发生在利恩村（线索 5），参加婚礼的人住的村庄一定是村庄 4，即克兰菲尔德，因此，现在从线索 4 中可以知道，西尔维亚一定住在村庄 2，即波利顿村。现在我们已经知道了村庄 2 和 3 的居民，以及村民 4 出行的目的，那么线索 1 中提到的去看朋友的波利一定住在利恩村。通过排除法，最后知道玛克辛住在克兰菲尔德，而西尔维亚出行的目的是去看望她的母亲。

答案：

村庄 1，利恩村，波利，见朋友。

村庄 2，波利顿村，西尔维亚，看母亲。

村庄 3，耐特泊村，丹尼斯，遛狗。

村庄 4，克兰菲尔德村，玛克辛，参加婚礼。

013 可爱的熊

照片 A 是帕丁顿（线索 2），D 不是鲁珀特（线索 4），也不是泰迪（线索 5），因此只能是布鲁马，来自天鹅湖动物园（线索 1）。照片 B 不是格林斯顿的灰熊（线索 3），也不是来自天鹅湖的熊。线索 5 排除了它来自布赖特邦动物园的可能性，因为布赖特邦动物园的熊就在泰迪的右边，因此照片 B 上的熊一定来自诺斯丘斯特。现在，从线索 5 中可以知道，泰迪不可能在照片 C 上，因此，只能是 B 照片上的来自诺斯丘斯特的熊，而 C 则是鲁珀特。来自天鹅湖的布鲁马是一只眼镜熊（线索 4），从线索 5 中知道，鲁珀特肯定是在布赖特邦动物园，剩下帕丁顿则是来自格林斯顿的灰熊。来自布赖特邦动物园的不是东方太阳熊（线索 5），那么肯定是极地熊，最后剩下东方太阳熊肯定是照片 B 中的来自诺斯丘斯特动物园的泰迪。

答案：

照片 A，帕丁顿，灰熊，格林斯顿动物园。

照片 B，泰迪，东方太阳熊，诺斯丘斯特动物园。

照片 C，鲁珀特，极地熊，布赖特邦动物园。

照片 D，布鲁马，眼镜熊，天鹅湖动物园。

014 囚室

卡萨得公主在一位王子的对面（线索 5），那么吉尼斯公主一定在另外一位王子的对面，后者不是阿姆雷特王子（线索 4），那么一定是沃而夫王子。从线索 4 中知道，按顺时针方向，他们房间分别是卡萨得公主、吉尼斯公主、阿姆雷特王子、沃而夫王子。从线索 2 中知道，吉尼斯公主的父亲是尤里天的统治者，而沃而夫王子的父亲则统治马兰格丽亚（线索 4）。卡萨得公主的父亲不统治卡里得罗（线索 5），那么他一定统治欧高连，通过排除法，阿姆雷特王子的父亲必定统治卡里得罗。从线索 2 中知道，卡萨得公主的父亲一定是阿弗兰国王，而吉尼斯公主的父亲统治尤里天，后者必定是国王西福利亚（线索 3）。卡里得罗的阿姆雷特王子的父亲不是国王恩巴（线索 5），那么必定是国王尤里，剩下国王恩巴是沃而夫王子的父亲。最后，从线索 1 中知道，阿姆雷特王子的房间是 I，那么沃而夫王子则是 II，卡萨得公主是 III，而吉尼斯公主在房间 IV 中。

答案：

I，阿姆雷特王子，国王尤里，卡里得罗。

II，沃而夫王子，国王恩巴，马兰格丽亚。

III，卡萨得公主，国王阿弗兰，欧高连。

IV，吉尼斯公主，国王西福利亚，尤里天。

015 剧院座位

坐在 A 排 13 号位置的（线索 6）不可能是彼特和亨利（线索 1），也不是罗伯特（线索 4）。朱蒂不可能是 13 号（线索 5），那么这条线索也排除了 A 排 13 号是查尔斯和文森特的可能。通过排除法，在 A 排 13 号的只能是托尼，安吉拉也在 A 排（线索 1），除此之外，A 排另外还有一位女性（线索 3），她不是尼娜，因尼娜坐在 B 排的 12 号座（线索 2），也不是珍妮特和莉迪亚（线索 7），线索 5 排除了朱蒂，通过排除法只能是玛克辛在前排座位。她不可能是 10 或 11 号（线索 4），我们已经知道她不是 13 号，那么肯定是 12 号。因此罗伯特是 A 排 10 号（线索 4），剩下安吉拉是 11 号。现在从线索 1 中知道，彼特是 B 排 11 号。B 排还有一位男性（线索 3）。他不是亨利，亨利在 C 排（线索 1），而线索 5 排除了文森特在 B 排 10 号和 13 号的可能，10 号和 13 号还未知。我们知道托尼和罗伯特在 A 排，那么通过排除法，在 B 排的只能是查尔斯，但他不是 13 号（线索 5），因此他肯定是 10 号。从线索 5 中知道，朱蒂一定在 C 排 10 号，而她丈夫文森特是 11 号。从线索 1 和 7 中知道，亨利是 C 排的 12 号，而莉迪亚是那一排的 13 号，最后剩下 B 排 13 号上的是珍妮特。

答案：

A 排：10，罗伯特；11，安吉拉；12，玛克辛；13，托尼。

B 排：10，查尔斯；11，彼特；12，尼娜；13，珍妮特。

C 排：10，朱蒂；11，文森特；12，亨利；13，莉迪亚。

016 直至深夜

“伊诺根”是在下午 5:00 到达的，他或她不是因为汽车抛锚而迟到的（线索 3），从线索 1 中知道，她或他不是错过早班车的肯·杨，也不是出演阿匹曼特斯的演员，因后者是称火车被取消而迟到的（线索 1）。由于汽油用尽而迟到的那个演员是在早上 9:00 到的（线索 2），那么“伊诺根”一定是因为交通阻塞迟到的。杰克·韦恩是在 11:00 到达的（线索 4），那么肯·杨肯定是在下午 1:00 或下午 3:00 到达的，而扮演阿匹曼特斯的演员是在下午 3:00 或者下午 5:00 到的。我们知道，“伊诺根”是在下午 5:00 到达的，那么“阿匹曼特斯”肯定是在下午 3:00 到的，而肯·杨则是在下午 1:00 到的。通过排除法，发生汽车抛锚的人肯定是在 11:00 到的，他就是杰克·韦恩。现在我们可以把 4 人的名字或者扮演的角色和他们迟到的理由对上号了，因此，扮演“寂静者”的菲奥纳·托德迟到的理由肯定是汽油用光，他是在早上 9:00 到的。而“匹特西斯”不可能在 11:00 到达（线索 6），那么一定是下午 1:00 到达的，所以，他就是肯·杨。通过排除法，杰克·韦恩肯定出演“李朝丽达”，而从线索 5 中知道，克利奥·史密斯不是“伊诺根”，因“伊诺根”是发生了交通阻塞，因此他肯定是“阿匹曼特斯”，是因为火车取消而迟到的人，最后，剩下“伊诺根”就是艾米·普丽思。

答案：

艾米·普丽思，伊诺根，下午5:00，交通阻塞。

克利奥·史密斯，阿匹曼特斯，下午3:00，火车取消。

菲奥纳·托德，寂静者，早上9:00，汽油用光。

杰克·韦恩，李朝丽达，上午11:00，汽车抛锚。

肯·杨，匹特西斯，下午1:00，错过班车。

017 房间之谜

SD间谍在6号房间（线索2），从线索5中知道，OSS间谍一定在5号房间，而SDECE间谍在3号房间，鲁宾在1号房间。2号房间的间谍不可能来自阿布威（线索3），也不来自M16，而间谍加西亚不在1号房间（线索1），那么他肯定是GRU的间谍。从线索4中知道，毛罗斯先生的房间是4号，罗布斯不可能在3号（线索1），也不可能在2号房间，因为加西亚不在4号房间，所以罗布斯也不可能在6号。罗布斯只能在5号房间，而加西亚在3号，M16的间谍则在4号房间（线索1）。6号房间的SD间谍不是罗布斯（线索2），则肯定是戴兹，剩下罗布斯一定是2号房间的GRU间谍，最后通过排除法，1号房间的鲁宾是阿布威的间谍。

答案：

1号房间，鲁宾，阿布威。

2号房间，罗佩兹，GRU。

3号房间，加西亚，SDECE。

4号房间，毛罗斯，M16。

5号房间，罗布斯，OSS。

6号房间，戴兹，SD。

018 吹笛手游行

6岁的格雷琴不可能是4号（线索1），而3号今年7岁（线索4），1号是个男孩（线索3），因此，通过排除法，格雷琴肯定是2号。现在从线索1中知道，3号是7岁的牧羊者。玛丽亚的父亲是药剂师（线索5），不可能是1号（线索3），那么只能是4号，从线索5中知道，她今年5岁，剩下1号男孩8岁。所以1号不是汉斯（线索2），则一定是约翰纳，剩下汉斯是7岁的牧羊者。从线索3中知道，格雷琴的父亲不是屠夫，那么只能是伐木工，最后知道约翰纳是屠夫的儿子。

答案：

1号，约翰纳，8岁，屠夫。

2号，格雷琴，6岁，伐木工。

3号，汉斯，7岁，牧羊者。

4号，玛丽亚，5岁，药剂师。

019 戴黑帽子的家伙

图片A指的是雅各布（线索2），图片D指的是丘吉曼（线索4）。赫伯特的图片与“男人”麦克隆水平相邻，前者不可能是图片C上的人，而图片C上的也不是西尔维斯特（线索1），那么图片C上的一定是马修斯。我们知道西尔维斯特不是图片A、C和D上的人，那么肯定就是图片B上的人。通过排除法，赫伯特一定是图片D上的人。从线索1中知道，图片C上的一定是马修斯，他就是“男人”麦克隆。通过排除法知道，雅各布的姓就是沃尔夫。因此，从线索3中可以知道，“小马”就是西尔维斯特·加夹得，他是图片B上的人。D上的赫伯特·丘吉曼不是“强盗”，那么他的绰号一定是“里欧”，而“强盗”就是图片A上雅各布·沃尔夫的绰号。

答案：

图片A，雅各布·沃尔夫，“强盗”。

图片B，西尔维斯特·加夹得，“小马”。

图片C，马修斯·麦克隆，“男人”。

图片D，赫伯特·丘吉曼，“里欧”。

020 戒指女人

戒指1是马特·佩恩给的（线索2），戒指3价值20000英镑，那么紧靠雷伊给的戒指右边的那个价值10000英镑的戒指一定是戒指4。从线索1中知道，从雷伊那得到的钻戒一定是戒指3，价值20000英镑。戒指1价值不是25000英镑（线索1），那么它肯定值15000英镑。通过排除法知道，戒指2肯定价值25000英镑。而戒指1上的不是翡翠（线索3），也不是红宝石（线索2），那么一定是蓝宝石。红宝石戒指价值不是10000英镑（线索2），那么一定是价值25000英镑的戒指2。剩下价值10000英镑的戒指4是翡翠戒指，它不是休·基恩给的（线索3），那么一定是艾伦·杜克给的，剩下休·基恩给了洛蒂价值25000英镑的红宝石戒指。

答案：

戒指 1，蓝宝石，15000 英镑，马特 · 佩恩。

戒指 2，红宝石，25000 英镑，休 · 基恩。

戒指 3，钻石，20000 英镑，雷伊 · 廷代尔。

戒指 4，翡翠，10000 英镑，艾伦 · 杜克。

021 小猪储蓄罐

12 岁的小孩不可能是大卫（线索 1）、卡米拉（线索 3）、本和卡蒂（线索 5），那么一定是杰西卡，8 岁小孩的小猪不是蓝色的（线索 1），也不是绿色（线索 2）、黄色（线索 4）或者白色（线索 5）的，那么一定是红色的。小猪 E 不是蓝色（线索 1）、绿色（线索 2）、黄色（线索 4）或者红色的（线索 6），那么一定是白色的。大卫的小猪储蓄罐不是红色的（线索 1），也不是蓝色（线索 1）、绿色（线索 2）或者黄色的（线索 4），那么白色的小猪 E 就是大卫的。红色小猪的主人 8 岁，不是卡米拉（线索 3），或者本（线索 5），那肯定是卡蒂，那么本今年 9 岁，而白色小猪的主人大卫今年 10 岁（线索 5），通过排除法知道，卡米拉今年 11 岁。杰西卡的小猪不是蓝色（线索 1），或者黄色的（线索 4），那么一定是绿色的小猪 D（线索 2），而 C 一定是黄色的（线索 4），A 不是卡蒂的红色小猪（线索 3），那么只能是蓝色的，而红色的只能是小猪 B。因此 A 是卡米拉的（线索 3），而通过排除法知道，C 是本的小猪。

答案：

位置 A，蓝色，卡米拉，11。

位置 B，红色，卡蒂，8。

位置 C，黄色，本，9。

位置 D，绿色，杰西卡，12。

位置 E，白色，大卫，10。

022 巅峰地区

位置 3 的山是第 3 高峰（线索 5），线索 2 排除了格美特是位置 4 的山峰，格美特被称为庄稼之神，而山峰 1 是森林之神（线索 3）。山峰 2 是飞弗特尔（线索 4），通过排除法，格美特是位置 3 的高峰。通过线索 2 知道，第 4 高峰肯定是位置 1 的山峰。辛格凯特不是位置 4 的山峰（线索 6），通过排除法，它一定是山峰 1，剩下山峰 4 是普立特佩尔。

它不是第 2 高峰（线索 4），那么它肯定是最高的。因此它就是被人们当作火神来崇拜的那座（线索 1）。最后通过排除法，飞弗特尔是第 2 高峰，而它是人们心中的河神。

答案：

山峰 1，辛格凯特，第 4，森林之神。

山峰 2，飞弗特尔，第 2，河神。

山峰 3，格美特，第 3，庄稼之神。

山峰 4，普立特佩尔，最高，火神。

023 巴士停靠站

从线索 1 知道，雷停靠的巴士牌号要比 324 号大。7 号的车牌不是 324（线索 2），雷停靠的也不是 5 号位置的车牌号为 340 的巴士（线索 5）。特里的车号是 361，那么雷的就是 397。它不在 6 或者 7 号位置（线索 1）。赖斯把车停靠在 4 号位置（线索 7），5 号的车牌是 340，这就排除了雷的车是 3 号的可能性（线索 1）。因 3 号车的车牌号要比邻近的车牌号都大（线索 4），雷的车也不可能是 2 号（线索 1），那么雷的车一定在 1 号位置。从线索 1 中知道，324 一定在 3 号位置。从线索 4 中知道，2 和 4 号位置的车牌都是 2 开头的。因此可以从线索 2 中知道，7 号的车牌是 361，是特里停靠的（线索 3）。2 号位置的车牌不是 286（线索 2），6 号的也不是 286（线索 5），通过排除法，286 一定是 4 号的车牌，是赖斯停靠的。线索 6 告诉我们车牌号为 253 的不在 2 号位置，那么它一定在 6 号。因此肯停靠的车在 5 号位置（线索 6）。罗宾的车不在 2 或者 3 号（线索 8），那么一定是 6 号。通过排除法，2 号位置的车号一定是 279。3 号位置车的司机不是戴夫（线索 4），则一定是埃迪，剩下戴夫是把车号为 279 的车停在 2 号位置的司机。

答案：

1 号，雷，397。

2 号，戴夫，279。

3 号，埃迪，324。

4 号，赖斯，286。

5 号，肯，340。

6 号，罗宾，253。

7 号，特里，361。

024 女运动员

人物3的运动项目是射击（线索3），人物5的项目不是滑冰（线索1）、羽毛球（线索3）和台球（线索4），则一定是高尔夫，那么人物4就是斯特拉·提兹（线索2），她的项目不是滑冰（线索1）和台球（线索4），那么一定是羽毛球。人物5刚从卡萨布兰卡回来（线索3），人物1不从罗马回来（线索5），也不是来自洛杉矶（线索1）和东京（线索4），那么一定从布里斯班来。人物2不是来自洛杉矶（线索1），也非东京（线索5），那么一定来自罗马。人物3和4来自洛杉矶或者东京。如果4来自洛杉矶，则从线索1中知道凯特·肯德尔就是人物3，来自东京。但线索1告诉我们，凯特·肯德尔不是来自东京，因此3一定来自洛杉矶，而4来自东京。因此凯特·肯德尔就是人物2。人物1的项目就是滑冰（线索1），人物5不是黛安娜·埃尔金（线索5），也不是格丽尼斯·福特（线索4），则一定是莫娜·洛甫特斯。黛安娜·埃尔金也不是人物1（线索5），那么她肯定是人物3，人物1就是格丽尼斯·福特。人物2凯特·肯德尔的项目是台球。

答案：

1号，格丽尼斯·福特，布里斯班，滑冰。

2号，凯特·肯德尔，罗马，台球。

3号，黛安娜·埃尔金，洛杉矶，射击。

4号，斯特拉·提兹，东京，羽毛球。

5号，莫娜·洛甫特斯，卡萨布兰卡，高尔夫。

025 小屋的盒子

蓝色的盒子里有58个东西（线索2），绿色盒子有螺丝钉（线索3），43个钉子不在灰色的盒子里（线索1），那么一定在红色的盒子。我们知道绿盒的东西不是43或58个，而线索3也排除了65个，那么在绿盒里一定是39个螺丝钉。通过排除法，灰色盒子的东西肯定是65个，它们不是洗涤器（线索3），那么一定是地毯缝针，灰色盒子就是C盒（线索4），剩下蓝色的盒子有58个洗涤器。绿盒不是D盒（线索3），因它有2个相邻的盒子，那么知道它就是B盒，而有洗涤器的盒子就是A盒（线索3），剩下红色的盒子就是D盒。

答案：

A盒，蓝色，58个洗涤器。

B盒，绿色，39个螺丝钉。

C盒，灰色，65个地毯缝针。

D 盒，红色，43 个钉子。

026 换装

B 机器是穿红白相间的浴袍的女士用的（线索 5），线索 4 排除了 D 是尤菲米娅·坡斯拜尔用的，因为兰顿斯罗朴小姐用了机器 C（线索 2），尤菲米娅的机器可能是 A 或者 B。而拉福尼亚的是 B 或者 C（线索 4），因此她也不用机器 D。我们知道兰顿斯罗朴用了机器 C，那么贝莎不可能是机器 D（线索 1）。因此，通过排除法，维多利亚肯定用了机器 D。所以她的姓不可能是马歇班克斯（线索 1），我们知道她的姓也不是坡斯拜尔或者兰顿斯罗朴，那么一定是卡斯太尔，而她的浴袍肯定是绿白相间的（线索 3）。因此尤菲米娅不可能用了机器 B（线索 4），那么一定是在 A 上，剩下机器 B 是马歇班克斯用的。因此，从线索 1 中可以知道，贝莎就是兰顿斯罗朴小姐，她用了机器 C，装束是黄白相间的，通过排除法，尤菲米娅·兰斯拜尔是穿了蓝白相间浴袍的人。

答案：

机器 A，尤菲米娅·坡斯拜尔，蓝白相间。

机器 B，拉福尼亚·马歇班克斯，红白相间。

机器 C，贝莎·兰顿斯罗朴，黄白相间。

机器 D，维多利亚·卡斯太尔，绿白相间。

图书在版编目（CIP）数据

逻辑思维训练 / 李昕编. — 北京：中国华侨出版社, 2018.5
（大脑使用书 / 侯海博主编）
ISBN 978-7-5113-7651-0

Ⅰ. ①逻… Ⅱ. ①李… Ⅲ. ①逻辑思维－思维训练Ⅳ. ①B80

中国版本图书馆CIP数据核字(2018)第062653号

逻辑思维训练

编　　者：李　昕
出 版 人：刘凤珍
责任编辑：紫　夜
封面设计：冬　凡
文字编辑：聂尊阳
美术编辑：郭　静
经　　销：新华书店
开　　本：880mm × 1230mm　1/32　印张：7　字数：237 千字
印　　刷：北京万友印刷有限公司
版　　次：2018 年 5 月第 1 版　2019 年 10 月第 16 次印刷
书　　号：ISBN 978-7-5113-7651-0
定　　价：128.00 元（全六册）

中国华侨出版社　北京市朝阳区静安里 26 号通成达大厦 3 层　邮编：100028
法律顾问：陈鹰律师事务所
发 行 部：（010）88893001　传　　真：（010）62707370
网　　址：www.oveaschin.com　E-mail：oveaschin@sina.com